"双高"计划背景下产业学院建设路径的研究与实践

谷 瑞 顾家乐 宋翠玲 著

苏州大学出版社

图书在版编目(CIP)数据

"双高"计划背景下产业学院建设路径的研究与实践／谷瑞，顾家乐，宋翠玲著. --苏州：苏州大学出版社，2024.8. -- ISBN 978-7-5672-4907-3

Ⅰ. G718.5

中国国家版本馆 CIP 数据核字第 2024GM9743 号

书　　　名：	"双高"计划背景下产业学院建设路径的研究与实践
著　　　者：	谷　瑞　顾家乐　宋翠玲
责任编辑：	薛华强
装帧设计：	吴　钰
出版发行：	苏州大学出版社(Soochow University Press)
出 版 人：	蒋敬东
社　　　址：	苏州市十梓街1号　邮编：215006
印　　　装：	苏州市古得堡数码印刷有限公司
网　　　址：	www.sudapress.com
邮　　　箱：	sdcbs@suda.edu.cn
邮购热线：	0512-67480030
开　　　本：	700 mm×1 000 mm　1/16　印张：12.5　字数：212 千
版　　　次：	2024 年 8 月第 1 版
印　　　次：	2024 年 8 月第 1 次印刷
书　　　号：	ISBN 978-7-5672-4907-3
定　　　价：	49.00 元

凡购本社图书发现印装错误，请与本社联系调换。
服务热线：0512-67481020

前 言

为了抢占科技创新和产业创新的制高点,各国都将提升高校创新能力作为提高国家创新能力的重要政策内容,产业学院建设本身具有产业转型升级发展、高校角色调整和提升高校人才培养能力等多重内外部需求,近年来受到国家的重视。2017年12月,国务院办公厅印发《关于深化产教融合的若干意见》,要求根据行业产业需求整合相关学科专业,组建跨学科、跨专业的产业学院。这标志着产业学院建设由高校自主探索上升至由国家以政策文件的形式予以确认与推广的层面。2020年7月,教育部办公厅、工业和信息化部办公厅印发《现代产业学院建设指南(试行)》,为现代产业学院建设提供了有力的政策支撑,提出"经过四年左右时间,以区域产业发展急需为牵引,面向行业特色鲜明、与产业联系紧密的高校,重点是应用型高校,建设一批现代产业学院",从国家规范性文件角度为现代产业学院建设指明了方向。随着《关于实施中国特色高水平高职学校和专业建设计划的意见》等政策文件的发布,我国正式开启了"双高"计划下的产业学院建设和专业群建设。产业学院建设要求以人才培养模式、师资队伍建设、实训基地建设、治理体系等方面作为切入点和突破口,力争经过几年时间形成丰富成果。

国内对产业学院建设的研究与探索已经取得了丰硕成果,不少学者对实践方面的内容进行综述和研究,但由于实践探索时间较短,当前产业学院建设仍存在诸多困境。主要表现在以下三个方面。第一,理论研究明显滞后于实践探索。随着教育部对产业学院建设的大力倡导和支持,以广东、福建、重庆等为代表的地方教育行政主管部门纷纷出台政策加大对产业学院建设的支持力度,与蓬勃发展的实践探索相比,产业学院建设的理论研究明显滞后。第二,政策供给的量和质明显不足。从政府层面看,当前是将产业学院的建设置于新工科建设、产教融合、校企合作等政策框架下，在国务院、教育部及部分省市政策文本中对产业学院建设有所涉及，但尚未出台专门的有关产业学院建设的政策文本；从学校层面看，大部分探索建设产业学院的高校制定了促进和规范产业学院建设的政策文件，这些政策文件主要包括产业学院建设管理办法、评估办法等较为宏观的顶层设计的政策，课程建设、教师队伍建设等较为微观的内容涉及较少。第三，内涵建设和发展明显存在短板。产业学院人才培养的大部分任务仍由传统的二级学院承担，政府、企业、科研院所等优质育人资源尚未完全导入育人全过程，产业学院与传统的实践教学基地缺乏足够的区分度。内部治理体系建设较为滞后，尽管大部分产业学院在治理架构上进行了一定的创新，如设置了有企业人员参与的理事会、专业建设委员会等机构，企业等外部人员在学院管理中具有一定的话语权，但总体而言，许多产业学院在管理层级上仍挂靠于相应的二级学院。

本著通过案例分析，系统阐述了"双高"计划背景下产业学院的建设路径，进一步明确了产业学院建设的内涵、要求、本质与路径，不仅具有较强的理论意义，还具有重要的现实意义。产业学院建设虽然取得了一定成果，但也面临共同的问题：一是如何面向产业，提高人才的培养质量，实现人才培养与岗位需求衔接；二是在产业学院运行过程中，如何打造利益共同体，实现多元治理。

本著的研究内容可以概括为三个方面：一是从国内外产业学院建设的研究情况入手，分析产业发展脉络，提炼产业学院的内涵与特征，理清产业学院的建设路径，从而构建起本著的研究架构；二是从产业学院与区域产业和产业群之间的逻辑关系、产业学院推动多元育人机制建设、产业学院打造产学研平台、产业学院推动"双师型"师资队伍建设与决策机制建设等方面入手，系统地阐述了产业学院的建设路径；三是通过个案研究，深度剖析产业学院的建设情况，实践证明，通过产业学院建设，高职院校的教育质量和水平得到了显著提升，社会认可度和影响力显著增强。

本著的理论意义在于通过分析"双高"计划背景下产业学院的起源和发展，结合国内外产业学院建设的成功经验和相关研究，探讨我国产业学院建设的意义、方法、途径等。本著通过几个有代表性的案例，系统分析了产业学院建设过程中取得的成果和成功经验，为"双高"计划背景下产业学院的建设和可持续发展提供借鉴。

本著第 1、2、3 章由谷瑞撰写，第 4、5、6 章由顾家乐撰写，宋翠玲负责整体审核。

本著在出版过程中得到江苏省"十四五"规划课题（课题编号：C-b/2021/03/20）、江苏省哲学社会科学研究课题（课题编号：2021SJA1437）、江苏高校"青蓝工程"优秀教学团队、职业院校教师访学研修等项目的资助，在此表示感谢！

著者

2024 年 3 月

目 录

第1章 "双高"计划下产业学院发展概述 /1
1.1 国内外产业学院研究 /1
- 1.1.1 国内产业学院研究 /1
- 1.1.2 国外产业学院研究 /7
- 1.1.3 推进我国产教融合的几点思考 /10

1.2 我国产业学院发展的脉络 /11
- 1.2.1 基于现实需要的萌芽发展阶段 /12
- 1.2.2 基于政策驱动的积极探索阶段 /13
- 1.2.3 基于产业发展的提质培优阶段 /16
- 1.2.4 基于"双高"计划的内涵建设阶段 /18

1.3 产业学院的内涵与特征 /21
- 1.3.1 产业学院的本质内涵 /21
- 1.3.2 产业学院主体分析 /24
- 1.3.3 产业学院的基本特征 /26
- 1.3.4 产业学院的发展趋势 /29

1.4 "双高"计划下的产业学院建设 /30
- 1.4.1 "双高"计划下产业学院建设的内涵 /30
- 1.4.2 "双高"计划下产业学院建设的价值 /32
- 1.4.3 "双高"计划下产业学院建设的内容 /35

第2章 服务区域产业,推动专业群协同发展 /37
2.1 面向区域发展战略,确定专业群结构布局 /37
- 2.1.1 产业学院与专业群建设的关系 /37

2.1.2 "双高"计划下专业群建设的问题表现 /40
  2.1.3 "双高"计划下专业群建设的组群逻辑 /44
2.2 适应区域数字化转型,推动专业群融合发展 /47
  2.2.1 高水平专业群适应性发展的价值内涵 /47
  2.2.2 高水平专业群适应性发展的现实困境 /49
  2.2.3 高水平专业群适应性发展的实践路径 /50
2.3 完善专业群动态评估,监控建设质量 /53
  2.3.1 健全专业群质保体系 /53
  2.3.2 完善专业群规划 /54
  2.3.3 完善专业群质量标准体系 /54
2.4 案例分享:赋能区域金融产业数字化转型,建设金融大数据专业群 /58
  2.4.1 立足产业链,组建专业群 /58
  2.4.2 课岗对接,教学内容与工程项目融合 /61
  2.4.3 整合多方资源,发挥集群优势 /62
  2.4.4 凝聚多元主体,形成专业群 /63

第3章 成立产业学院,完善多元协同育人机制 /75

3.1 揭示产业学院运行困境及其实践矛盾 /75
  3.1.1 办学定位不清,教育链与产业链错位 /75
  3.1.2 多主体利益冲突,企业参与度低 /77
  3.1.3 政策支持力度不强,内涵建设缺乏 /79
3.2 以产业学院为载体,打造多元协同育人平台 /81
  3.2.1 明确产业定位,实践"多元、三链、四能"人才培养模式 /81
  3.2.2 重构模块化课程体系,建设专业群立体化资源 /83
  3.2.3 加强产业学院内涵建设,提升多元主体责任感 /86
3.3 案例分享:建设SISO-思必驰大数据产业学院,探索育人新机制 /89
  3.3.1 建立基于理事会的现代组织结构 /90
  3.3.2 建立高水平金融大数据专业群学科 /90

目录

  3.3.3 建立高水平"双师型"师资团队 / 91
  3.3.4 建立高水平实习实训基地 / 92
  3.3.5 培养高质量金融大数据人才 / 92

第4章 聚焦产教融合,共筑产学研平台 / 94

 4.1 深化产教融合,建设高水平实践基地 / 94
  4.1.1 引企业入校,共建校内生产性实训基地 / 95
  4.1.2 建设虚拟仿真实训平台,打造沉浸式体验 / 99
 4.2 共筑科研创新平台,促进产业高质量发展 / 107
  4.2.1 建设科技服务创新平台,构建校企命运共同体 / 107
  4.2.2 建设高校工程技术研究中心,促进科研结果产业化 / 110
 4.3 案例分享:建设金融大数据虚拟仿真实训平台,赋能专业群数字化升级 / 112
  4.3.1 金融大数据虚拟仿真实训平台建设思路 / 112
  4.3.2 金融大数据虚拟仿真实训平台建设内容 / 113
  4.3.3 保障机制护航,助推专业群数字化转型 / 115

第5章 打造高水平"双师"队伍,高质量实施"双高"建设 / 116

 5.1 调研师资队伍现状,分析师资队伍建设问题 / 116
  5.1.1 "双高"计划下师资队伍建设现状分析 / 116
  5.1.2 "双高"计划下师资队伍建设必要性与目标 / 120
  5.1.3 "双高"计划下师资队伍建设面临的问题与挑战 / 123
 5.2 以"双高"计划为引领,建设产业学院高水平师资队伍 / 127
  5.2.1 紧扣产业发展前沿,发挥政府职能保障作用 / 128
  5.2.2 以"双高"计划为契机,构建产业学院教师发展体系 / 129
  5.2.3 健全产教融合机制,统筹教师资源配置 / 131
  5.2.4 打造高水平师资队伍 / 133
 5.3 健全激励评价机制,提升教师发展内在动力 / 136
  5.3.1 优化考核制度,提升教师工作活力 / 137
  5.3.2 重视考核激励制度,兼顾各方面利益 / 137
  5.3.3 完善职称评聘制度,拓展教师成长空间 / 146

5.4 案例分享：专兼结合，打造金融科技应用教学团队　　/148
　　5.4.1 金融科技应用教学团队的建设发展历程　　/148
　　5.4.2 金融科技应用教学团队的建设目标　　/150
　　5.4.3 金融科技应用教学团队的建设成果　　/150

第6章 践行互利共赢的内部治理机制　　/153

6.1 产业学院内部治理结构分析　　/153
　　6.1.1 产业学院内部治理的内涵　　/153
　　6.1.2 产业学院内部治理的要素　　/153
　　6.1.3 产业学院内部治理的理论　　/155

6.2 产业学院内部治理困境分析　　/157
　　6.2.1 顶层设计不足　　/157
　　6.2.2 行业企业深度参与不足　　/159
　　6.2.3 部分治理主体地位缺失　　/160
　　6.2.4 缺乏现代化的治理体系　　/161

6.3 产业学院内部治理实践模式　　/162
　　6.3.1 多元民主协同治理模式　　/162
　　6.3.2 院校领导集权治理模式　　/165
　　6.3.3 产业引领分权治理模式　　/166
　　6.3.4 三种模式的对比与反思　　/168

6.4 保障治理主体合法权利　　/169
　　6.4.1 明确产业学院的法律性质与地位　　/169
　　6.4.2 构建现代治理体系及科学的治理架构　　/171
　　6.4.3 明确多元主体的责、权、利　　/175
　　6.4.4 推动校企文化融合　　/176

6.5 案例分享：共生理论视角下高职院校产业学院的治理框架与优化策略　　/177
　　6.5.1 共生理论：一种新的产业学院治理框架　　/178
　　6.5.2 共生理论下产业学院治理运行困境　　/182
　　6.5.3 共生理论下产业学院治理优化策略　　/184

第1章 "双高"计划下产业学院发展概述

1.1 国内外产业学院研究

1.1.1 国内产业学院研究

深度产教融合,是我国职业教育发展改革的重要指导思想。2020年7月30日,教育部办公厅、工业和信息化部办公厅印发的《现代产业学院建设指南(试行)》(以下简称《指南》),要求坚持区域产业发展的特色需求,引领强化多元式的办学体制,充分发挥产教并举的统筹优势,以校企协同的育人机制实现对传统产教融合机制的突破,促进人才培养供给侧和产业需求侧结构要素全方位融合。随后产业学院建设随着高等职业教育改革创新的不断推进,日益成为产学合作新时代下积极应对新发展,主动适应新变化,促进产业与高校整合的强劲之举。2023年3月7日,教育部办公厅、国家发展改革委办公厅、工业和信息化部办公厅发布《关于开展第二批现代产业学院建设工作的通知》,要求以国家和区域产业发展急需为牵引,开展第二批产业学院建设工作。产业学院以独具一格的功能目的服务性、治理结构合作性和教学内容职业性,在当今国家教育改革与人才资源开发等方面扮演着非常重要的角色①。

本研究将中国知网（CNKI）作为数据研究库，试图通过对文献和政策的深度爬梳，分析产业学院研究的整体现状、内容、视角及未来展望，为助推产业学院科学定位、规范运行与高质量发展提供新的思路和路径选择。

检索主题中包含"产业学院"的期刊论文，剔除无明确作者和实际内容的相关文献，共获有效论文2 690篇，发表时间跨度为2014—2023年。历年论文发表趋势如图1-1所示。

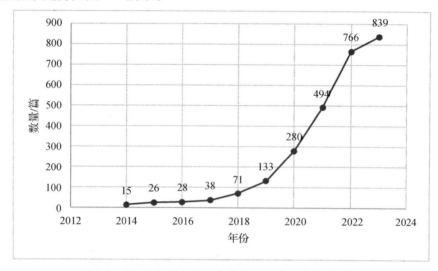

图1-1　近10年间有关产业学院研究的论文数量趋势

从图1-1可以看出，自2014年以来，我国针对产业学院的研究文献数量不断上升，特别是2020年以来，在数量上呈跃升状态。从文献上分析，产业学院作为政策驱动下的产教融合集成载体，以服务区域特色产业发展和培养高质量应用型人才为主要目标，产业学院建设是助推职业教育转型升级的创造性举措。对此，不同学者基于不同的研究视角有着不同的认识和理解，当前的理论研究主要聚焦于产业学院的生成逻辑与发展历程、组织属性与内核要素、运行机制与制度创新，以及改革路径与风险防范等。目前，关于产业学院的研究主要有以下几个方向。

---

①　李名梁，史静妍. 我国现代产业学院：内涵诠释、逻辑进路及研究转向［J］. 教育与职业，2023，134（10）：13-20.

1. 产业学院的生成逻辑与发展历程

在不断优化发展新环境、增强职业教育适应性的背景下，厘清产业学院的生成逻辑与发展历程，将进一步筑牢产业学院建设的基础。科技创新已成为当今企业发展的核心竞争力，打造创新团队、建立研发中心，这些都需要创新型人才的参与。2021年，时任教育部高等教育司司长吴岩在中国校企协同创新大会上回应了新时期为何及如何建设产业学院的问题。以产养教，以教促产，不论是将高等教育发展与产业发展紧密结合，还是未来工程实践的趋势，都对高校人才培养能力提出了更高的要求。在发展历程方面，很多学者做出了积极的探索。李艳、王继水通过文献分析法，从宏观、微观两个视角入手，对我国产业学院由第一阶段的类型概念构建至第三阶段的实际运行做了深刻的总结性研究。① 郑荣奕等学者对近年的产业学院演进过程进行了研究，并依照各阶段的国家政策和战略部署，将其发展历程划分为起步试点、加速发展和提质培优三个阶段。② 区别于文献分析法，聂劲松、胡筠等人以问卷形式开展实证调研，科学合理地检验了产教融合多元组织形态的状况，并依据调查样本判断其由多元化到集成化的演进趋向。③ 随着时代的发展，5G技术、人工智能、大数据等技术与产业、专业紧密结合，各具特色的产业学院得到发展。汪麟等学者阐述了我国职业院校开设特色产业学院的基本情况，梳理出"网红学院"发展历程的三个阶段，认为不同于传统的产业学院，特色产业学院应因时而动、因地而为，积极克服主客观限制条件，以特色化、专业化、创新化助力职业院校迭代升级。

2. 产业学院的组织属性与内核要素

产业学院作为产教融合的升级版，现代性是其特有的属性，这也是产业学院相较于传统产教融合表现出如此强劲韧性与活力的关键。建设背景产业化、产权结构多元化、服务功能复合化、治理体系现代化是产业学院最具代表性的特征。此外，通过不同视角下的产业学院组织特征研究，学者们也得

---

① 李艳，王继水. 我国产业学院研究：进程与趋势：基于CNKI近10年核心期刊的文献研究［J］. 中国职业技术教育，2020（3）：22–27.

② 郑荣奕，蒋新革. 现代产业学院建设：发展历程、组织特征与改革路径［J］. 职业技术教育，2021，42（30）：14–19.

③ 聂劲松，胡筠，万伟平. 多元化与集成化：产教融合组织形态的实践演进［J］. 职教论坛，2021，37（2）：33–39.

出了不同的结论。一是基于产业服务角度的研究。产业和教育，二者存在极强的关联度与互动性，产业学院是教育与产业的互融共生，尤以"产业"为一切生、起、兴的基础，因此"学院"终将服务于"产业"，从而具有明确的产业针对性、多元共生性、柔韧敏捷性、功能综合性和相对独立性。二是基于区域发展角度的研究。以往的相关研究多从高职教育入手，忽视了地方本科院校产业学院的建设。因此，在以地方高校产业学院为研究对象时，其要点在于既要关注一流学科建设，又要推进学院发展市场化，其新型化特征体现在组织目标的区域性与地方性、办学和治理主体的多元性、知识生产的模式转换与跨学科性、人才培养的"项目制"属性及运行机制的随应性。三是基于组织创新角度的研究。产业学院被视为高等教育系统的组织结构创新，其内部发展动力有赖于一切同教育有关的内容，如知识体系、学科构建、教学资源等。相应的外部影响因素则是市场、产业变革与新业态及新技术对人才的需求。由此两方面推演出产业学院的时代属性为特色传承、产业为要、区域共生、学科交叉融合与跨界发展。产业学院的内核要素包括核心竞争力、产权、利益相关方的利益均衡及育人模式等。产业学院核心竞争力的基本要素包括可持续发展教育理念、资源高效集合能力、行业特色专业群、优质毕业生，以及落实"1+X"证书制度和构建联动信息化评估机制。据此，研究者从创新制度、构建协同机制、优化资源、拓展领域四方面提出了提升核心竞争力的针对性措施。

3. 基于产业学院混合所有制的研究

产权问题是产业学院不可回避的问题。混合所有制产业学院是我国职业教育校企合作的一种新的组织形式，基于对产业学院混合型结构特征的定位，产权问题是其研究的重要内容。产业学院建设是多方共同出资的结果，产权结构的清晰界定有利于进一步确定产业学院的治理结构。① 现阶段国家对职业教育发展愈发重视，校企联合模式也发生了巨大转变，混合所有制产业院校应时而生。在我国相关政策方针的指导下，各地纷纷以校企联合模式建设产业学院，但真正符合混合所有制要求的产业院校甚少。目前学术领域对混合所有制产业学院的发展和建设问题颇为重视，特别是关于混合所有制

---

① 张卫婷，屈毅，穆丽宁. 混合所有制产业学院共建模式的研究与实践［J］. 陕西教育（高教），2023（7）：79-81.

产业学院的法律地位模糊不清、缺少独立性和信息化治理手段等问题，研究者大多认为原因在于制度不健全，很少从组织学视角深入分析其中的法人属性、产权结构等诸多方面是如何影响混合所有制产业学院建设的。所以，要多维度研究混合所有制产业学院设置机理及育人优势，对其中的建设困境提出行之有效的应对策略，从利益共享视角探讨产业学院建设，在明确权力边界和利益诉求的同时，强化产权治理，降低内部交易成本，促进产业学院内部利益兼容机制、多重目标激励机制及社会规范性机制的搭建完善，保障利益相关方的利益均衡。

4. 基于产业学院育人机制的研究

校企合作的协同育人模式，主要是使学校与企业之间相互配合，合作共赢，充分利用各方资源优势，培养专业型人才，提高学生就业率。在校企合作过程中，主体结构分别为教育主体与企业主体，由此形成的"双主体"教学结构，更加适应产业学院的发展方向。教育主体结构，主要由双师型教师队伍、双能型教学团队及教师能力培训基地三个要素构成。双师型教师队伍是学院教师与企业教师相结合的教学模式，学院教师具有理论知识方面的优势，企业教师则有实践技能方面的优势，双方组建专兼结合的教学创新团队，形成专兼职教师"双向流动、双向访问"的互动机制和合作育人机制，共同承担新兴产业课程的教学任务，为学生提供理论与实践教学的基础保障。

企业主体结构，主要是从技术研发资源方面进行整合，由学院科研资源交流平台、产学研实验室、专业联盟三个要素构成。学院科研资源交流平台是学院与企业共同认定的科研合作空间，能够提供基本技术研发人员信息、研究方向等相关数据。产学研实验室是由企业主导、学院建设的具有一定规模的实验室，实验室面向学院与社会开放，能够充分发挥产业学院的专业职能，合理研发产业发展模式。专业联盟则是凝聚产业与学院研究方向的联盟，通过高效整合教学资源与科研资源，实现产、学、研相结合的教学模式。

5. 产业学院治理体系与运行机制

殷勤、肖伟平针对产业学院运行机制改革进行研究，强调其机制改革主要是组织结构和制度体系的变革，据此提出从加强顶层设计、构建管理组织、搭建制度体系三个方面进行改革，以期为产业学院的建设、运营提供成熟的范例和理论指引。① 此外，吴中超为解决国内专业知识与产业知识割裂的现实困境，聚焦分析了应用型大学的产学研协同创新运行机制，提出以积极建立健全产学研协同创新的政策保障机制、现代产业体系与高等教育资源协同发展机制、应用型大学与企业协同育人动力机制、高校科技成果转化促进机制等方式，引领现代化产业体系与高等教育资源双向融合。② 邓小华、王晞则通过绘制产业学院组织模式图对运行机制进行讨论，提出运行机制植根于由政策、需求和创新共同驱动的发展动力机制，基于个体、组织及各层面间的信息共享机制，内含情感认同与经济基础的合作信任机制，以及最终公平公正的利益分配机制。③ 各机制间的有效联动是促进产业学院高质量、可持续发展的必要条件。

6. 产业学院的风险防范

产业学院是高校与企业联合办学，培养高素质应用型人才、复合型人才、创新型人才的新型办学模式，与原先校企合作建立的实习合作项目、实践基地等不同，它打破了校企育人"双重主体"、学生学徒"双重身份"的界限，是产学研深度融合的高阶形态。无疑，作为校企联合培养技术技能型人才的一种有效探索，产业学院帮助高校相关专业与服务产业的对象相匹配，对促进学生就业、降低企业人力成本、推动技术研发等具有更大的优势。然而，作为一种新型办学模式，产业学院建设尚处在制度探索阶段，面临着"打破陈规"与"遵守法律底线"的发展难题。《指南》从指导思想、建设目标、建设原则、建设任务、建设立项等方面为产业学院建设理清了基本框架，但具体建设中仍然面临诸如政府监管、产业学院法律性质、学生权益保障、教师队伍建设、企业责任等现实法律问题，与《中华人民共和国民法典》《中华人民共和国教育法》《中华人民共和国教师法》《中华人民共和国劳动法》《中华人民共和国民办教育促进法》等法律制度存在抵牾的情

---

① 殷勤，肖伟平. 产业学院运行机制改革研究［J］. 教育与职业，2020（22）：40－45.

② 吴中超. "双链融合"应用型大学的产学研协同创新运行机制分析［J］. 宏观经济管理，2020（4）：44－50.

③ 邓小华，王晞. 现代产业学院的基本职能与运行机制［J］. 职教论坛，2022，38（7）：37－44.

形,亟待给出法律风险的防范应对之策。

1.1.2 国外产业学院研究

产业学院的提法最早来源于英国的产业大学[①],随后诞生了德国的"双元制"办学模式、日本的产学研模式等产业学院办学模式。

1. 英国的产业大学

英国产业大学是实行全民终身学习的新型教育组织形式,是政府终身教育理念的具体实践者和"学习时代"战略的重要组成部分,是继开放大学以来的一次教育组织形式的革命。[②] 产业大学利用新的信息技术,使学习变得更加便捷,在传播终身学习理念等方面发挥了举足轻重的作用。

英国产业大学兴起的原因在于当今知识更新速度的加快及产业转型的加速,企业与个人若想生存和赢得竞争获得优势就要不断学习。另外,英国中小企业吸纳就业比例很大,不少员工的基本文化素质不高,这削弱了企业的竞争力。而产业大学在提高个人和企业核心竞争力方面发挥重大作用。陈振在其硕士论文《终身教育理念下英国产业大学的发展研究》中提出,英国终身教育发展的现状表明了英国政府对终身学习的重视,主要体现在立法、财政支持和资格制度的设立上。[③] 而英国一些民间教育机构与政府教育机构的不停调研和推动,使终身教育在英国得到较快发展。科技的发展给人们提供了便利条件,网络的发展使世界变成了一个地球村落,无论距离远近,人们相互之间都可交流自如。互联网的推广为产业大学借助网络技术开展学习创造了条件。张娜在《英国产业大学特色研究》一文中分析了英国产业大学的国际背景和经济背景,还分析了政治背景和布莱尔的"第三条道路"政策,即建立公正包容的社会,鼓励人们终身学习,提高个人就业能力,重视职业教育,提高企业竞争力。[④]

---

① 张艳芳,雷世平. 英国产业大学与我国产业学院的比较及启示[J]. 职业教育研究,2020(1):85-90.

② 秦农. 英国产业大学对我国创建开放大学的启示[J]. 开放教育研究,2011,17(1):103-107.

③ 陈振. 终身教育理念下英国产业大学的发展研究[D]. 福州:福建师范大学,2007.

④ 张娜. 英国产业大学特色研究[D]. 北京:中央民族大学,2008.

英国产业大学的主要活动可以归纳为以下六个方面。其一，分析市场需求和潜在的学习用户；其二，通过大规模的宣传和销售推动学院的学习需求；其三，为学习用户提供咨询与指导，并引导其获得信息；其四，保证学习用户能够连接到并获得符合自己需要的高质量学习项目；其五，委托开发新的学习内容，以填补供求方面的空档；其六，保证通过产业大学得到有质量的学习产品与服务。还有人认为英国产业大学优先考虑四个重点服务对象和技术领域，包括基本技能，工作场所的信息和通信技术，中小企业，以及汽车零部件、多媒体、环境技术与服务、批发和零售商业等具体部门（图1-2）。

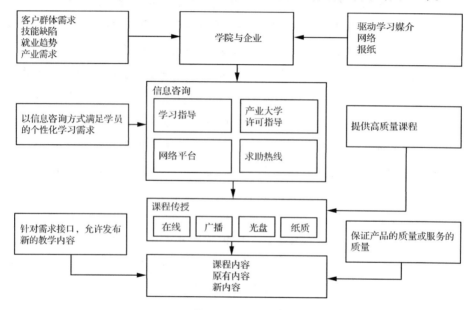

图1-2　英国开放大学的学习活动

2. 德国的"双元制"模式

德国的"双元制"职业教育模式是建立在学校与企业密切合作的基础上，以学校为主导、各大企业参股而成立的培训平台。① 学生想要进入学校学习，首先要与企业签订劳务合同。这意味着在政府的制度保障下，职业学校和企业共同培养人才。在教学过程中，学校负责理论教学和评估；公司参与实践培训的整个过程，负责完成项目并组织实践评估；行业协会负责相应

---

① 刘海光. 德国"双元制"职教模式本土化的实践研究［J］. 中国培训，2023（8）：98-100.

的资格考试。可以说，在德国，校企结合、理论与实践结合贯穿于产业学院教学的全过程。

在职业教育过程中，学生是以学习专业技能、掌握实践操作要领为主的，学校根据企业、行业和社会对不同人才的需求来划分专业，实行3年学制，学校和企业共同培养人才，其中学校学习和企业实习各占一半时间，均为72周，绝大多数学习地点都在企业的生产一线，然后学生带着在实践过程中遇到的问题回到课堂上，与老师进行深入的探讨和交流。同时，在课程设置方面，以实践教学为主、以理论教学为辅，理论课程的设计也是为了满足实践的需要。因此，"双元制"职业教育模式的最终培养目标是以实践为导向提高学生的科技理论水平，使学生在毕业后可以直接投身工作。

高校、企业和政府构成的多方主体在合作过程中有着明确的权、责、利，即各方可以行使的权利范围、需要承担的责任、将会取得的利益比较明确。一是各方拥有的权利。学校和企业能够共同制订学生的培养计划，在校期间由学校实施人才培养方案，实习期间由企业实施人才培养方案，在实施过程中如果双方出现分歧，另一方无权强制干涉；政府负责监管企业和学校的合作进程。二是各方承担的责任。学校负责传授学生专业技能知识，企业负责培养学生实践操作能力；学校负责学生的管理成本和内部的运营成本，企业负责提供基础设施和一定的资金；政府出台相应的扶持政策。三是各方获得的利益。学校接受企业的基础设施投资，企业获得新鲜的知识力量，收获满意的员工，有效促进企业技术的创新和绩效的提升；政府以此促进人才和资源的良好对接（图1-3）。

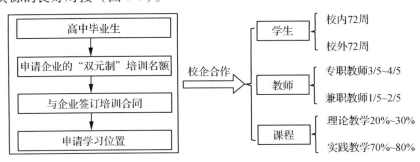

图1-3 德国"双元制"办学模式

3. 日本的产学研模式

日本的产业大学历史悠久，而且具有完备的教育体系。促进产学研合作已经成为日本优先发展的一项政策，日本建立了产学合作专门推进机构——推进本部，负责管理并服务于所有大学与企业的合作研发活动，对学术研究、产学合作研发进行一体化管理。推进本部由分管学术研究的副校长直接领导，结合由副校长、校级科室的分管负责人、校长助理等主要校领导组成的战略会议审议机制，由下属的各个不同功能小组分别开展活动，如知识产权组、技术转移组、地域合作组、信息发布组等（图1-4）。

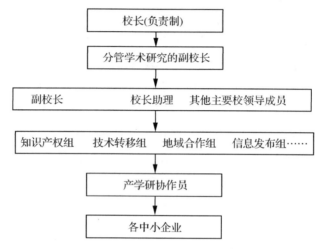

图1-4 日本的产学研办学模式

产学合作根据合作公司的数量，可以分为两种类型：一对一研发合作机制和多主体研发合作机制。一对一的合作在研发领域主要有两种模式：产业大学讲座制度和指定研究制度。产业大学讲座制度提倡与研发公司的合作，高校帮助企业走进课堂，促进科研合作成果的产生和转化。指定研究制度侧重于协助企业开发创新技术，从而引导产业变革，并为企业提供跨学科和跨部门的智力支持。多主体合作可以理解为结合高校学科优势，企业、行业、政府等整合财政投入、政策支持，建立一个由国家、地方政府、企业和大学共同参与的研发网络。

1.1.3 推进我国产教融合的几点思考

我国虽然在产教融合过程中进行了宏观和微观方面的探索，采取了许多措施，在一定程度上促进了我国产教融合的进程和现代职业教育体系的建立，但也面临诸多问题。为了从实质上推进我国产教融合，借鉴英国、德国和日本的相关经验，并结合我国实际情况，提出以下几点建议。

1. 建立健全产教融合相关法律

德国"双元制"模式和日本产学研模式的一个共同特点就是它们拥有完善的法律及其实施细则。我国虽然已经颁布了《中华人民共和国职业教育法》等法律法规，但没有体现企业参与产教融合的权利和义务，以及企业没有履行产教融合应尽的义务时该承担何种责任。目前的有关政策仅限于建议层面，没有包含具体职责，企业参与产教一体化完全是自愿的，没有把产教融合当成必做题。因此，我国应尽快建立和完善产学研一体化的相关法律法规。

2. 重视能力导向型理念教育

以技能为导向的职业教育应培养学生适应市场变化的能力，使学生在获得专业技能的同时也获得终身学习的能力，这种教学理念可以极大地促进社会发展。而能力导向型学习的关键是教师的教学方式，德国和日本的课程教学方法值得我国职教界借鉴学习。

3. 完善产业学院治理结构机制

目前我国产业学院治理结构中存在的最大问题就是参与方之间权、责、利界定不明确。可以参照德国的"双元制"模式，在企业和学校合作时签署共同培养合同，由企业筛选人员来学校申请上学资格，此间的支出和获得的产出成果由学校与企业各按50%来分配。也可以参考日本的治理模式，委托产学机构进行评估，从而匹配合适的企业和学校进行合作，确保双方的资金基础和科研成果转化率，以提高双方参与的积极性，共同制定合作细则。

在进行合作之前，各方利益主体应制定明确的权利、责任和利益分配机制，以及合作过程中的协调解决机制，明确违约条款，各方签署合作协议，使合作受到法律保护。

1.2 我国产业学院发展的脉络

产业学院起源于英国教育与就业部策划的产业大学，其主要目的是利用现代网络技术向个人和企业提供开放式的远程学习方式，提高企业的生产力和学员的就业能力。关于我国产业学院发展的脉络，有研究者按照各自的方式进行了梳理，郑荣奕、蒋新革等人以国家政策的推进为依据，将产业学院的发展脉络分为起步试点阶段（2012—2017 年）、加速发展阶段（2017—2020 年）、提优培质阶段（2020 年至今）①；尹辉等人按照产教融合的现实发展需要将产业学院的发展脉络分为校企合作培养跟随阶段、产教融合发展双向型阶段、引领产业发展协同阶段②。

实际上，产业学院的产生与发展受到各方面因素的影响。一方面，我国不断出台相关政策以保障高职技能型人才的培养，部分高职院校受到政策的推动，以服务区域经济为宗旨，开始探索基于现代产业学院的人才培养模式；另一方面，产业学院在我国的发展应遵循现实需要与政策驱动的双重逻辑。本研究根据我国的实际需要，将产业学院的发展划分为萌芽发展阶段、积极探索阶段、提质培优阶段、"双高"计划内涵建设阶段。

1.2.1 基于现实需要的萌芽发展阶段

早在 1988 年，我国学者覃晓航便提出建设产业学院的设想，不过这是当时为了促进广西经济发展而提出的建立一种类似于高职院校的设想。直到 2003 年才第一次出现有关产业学院的报道。

这一阶段以 2012 年前后广东等地区高职院校成立的"专业镇产业学院"为标志，当地各类产业协会、龙头企业与各类高职院校合作，其特点是以某一专业对接某一专业类的产业需求，培养区域产业或行业发展需要的岗位人才。产业学院办学实践带动了国内职业教育办学模式改革，人们将产业学院看成是"校企合作、工学结合"举办中国特色高职院校的现实途径。③ 我国产业学院建设先有实践探索，后有政策支持和理论支撑。

受到国家政策的影响，云南昆明地区为推动民营企业发展文化产业，提出了组建文化产业学院的建议。此后一年，辽宁大学成立轻型产业学院，该学院以推动产业发展、振兴东北老工业基地为目标，着力培养具有创新创业

---

① 郑荣奕，蒋新革. 现代产业学院建设：发展历程、组织特征与改革路径［J］. 职业技术教育，2021，42（30）：14 – 19.

② 尹辉，苏志刚. 国内现代产业学院的发展与思考：内涵 模式 协同机制创新［J］. 中国高校科技，2021（11）：74 – 78.

③ 张艳芳. 混合所有制产业学院的历史缘起、现实困境与未来展望［J］. 职业技术教育，2019，40（13）：40 – 44.

意识、数字化思维和跨界整合能力的新工科人才及应用型技术人才。数字化和信息技术的发展，给传统产业带来了巨大冲击。在此背景下，成都大学于2006年创建成都大学软件产业学院，校企双方共建国家级产教实训基地，推进软件产业人才的培养。浙江经济职业技术学院以达到"双优"为建设目标，于2006年与浙江物产集团合作创办物流产业学院和汽车售后产业学院。2010年，贵州大学和广州大学分别成立贵州大学旅游与文化产业学院、广州大学产业学院，展开以提升学历为目的的继续教育。

2012年，党的十八大提出构建现代职业教育体系，并出台了一系列制度措施①，有效推动了产业学院试点建设。2013年，为促进地方经济发展，广东中山职业技术学院开始与当地龙头企业合作，共建产业学院。此后，创办产业学院的实践不断推动国内职业教育办学模式的改革与发展。

1.2.2 基于政策驱动的积极探索阶段

虽然产业学院萌芽于现实发展的需要，但其产生也引起了国家层面对于创建产业学院的重视，使得"产教融合、校企协同发展"上升为我国加快发展现代职业教育的国家战略，推动了一系列国家政策的制定与施行。国务院于2014年6月出台的《关于加快发展现代职业教育的决定》（国发〔2014〕19号，以下简称《决定》），提出要"发挥企业重要办学主体作用"，"探索发展股份制、混合所有制职业院校"，这标志着国家正式把经济领域的混合所有制引入职业教育，把产业集聚区、科技创新区作为产教融合的主阵地。②2015年10月，教育部实施《高等职业教育创新发展行动计划（2015—2018年）》（教职成〔2015〕9号，以下简称《计划》），将现代职业教育体系理念贯穿始终，部署了发展动力、发展模式等六个方面的高职创新发展内容；强调"鼓励企业和公办高等职业院校合作举办适用公办学校政策、具有混合所有制特征的二级学院"。《决定》和《计划》为探索建设具有混合所有制

---

① 郑世珍. 现代职业教育理论体系构建：评《中国现代职业教育理论体系——概念、范畴与逻辑》[J]. 教育理论与实践，2020，40（32）：65.
② 国务院. 关于加快发展现代化职业教育的决定 [EB/OL]. （2014-06-22）[2024-03-21]. http：//www.gov.cn/zhengce/content/2014-06/22/content_8901.htm.

特征的产业学院提供了政策支撑。① 2016年，国务院印发《"十三五"国家战略性新兴产业发展规划》（以下简称《规划》）。《规划》指出，战略性新兴产业代表新一轮科技革命和产业变革的方向，是培育发展新动能、获取未来竞争新优势的关键领域。要把战略性新兴产业摆在经济社会发展更加突出的位置，紧紧把握全球新一轮科技革命和产业变革重大机遇，按照加快供给侧结构性改革部署要求，以创新驱动、壮大规模、引领升级为核心，构建现代产业体系，培育发展新动能，推进改革攻坚，提升创新能力，深化国际合作，加快发展壮大新一代信息技术、高端装备、新材料、生物、新能源汽车、新能源、节能环保、数字创意等战略性新兴产业，促进更广领域新技术、新产品、新业态、新模式蓬勃发展，建设制造强国，发展现代服务业，推动产业迈向中高端，有力支撑全面建成小康社会。《规划》确定了八方面发展任务。一是推动信息技术产业跨越发展，拓展网络经济新空间。二是促进高端装备与新材料产业突破发展，引领中国制造新跨越。三是加快生物产业创新发展步伐，培育生物经济新动力。四是推动新能源汽车、新能源和节能环保产业快速壮大，构建可持续发展新模式。五是促进数字创意产业蓬勃发展，创造引领新消费。六是超前布局战略性产业，培育未来发展新优势。七是促进战略性新兴产业集聚发展，构建协调发展新格局。八是推进战略性新兴产业开放发展，拓展国际合作新路径。

2017年，教育部审议通过《新工科研究与实践项目指南》（亦作"北京指南"）。②"北京指南"提出要建设一批多主体共建共管的产业学院。③"北京指南"确定了研究方向，即新工业革命的基本特征及其对工程教育人才培养的挑战和影响；全球视野下的高等工程教育对产业发展的引领作用发挥机制；新工科人才培养的内涵、特征、规律以及发展趋势；提炼新工科人才培养的核心目标；新工科人才培养与传统工科人才培养的逻辑关系与区别；我

---

① 教育部关于印发《高等职业教育创新发展行动计划（2015—2018年）》的通知[J]．中华人民共和国教育部公报，2016（Z1）：54-76．
② 教育部办公厅．教育部办公厅关于推荐新工科研究与实践项目的通知[EB/OL]．(2017-07-04)[2024-03-21]．http://www.moe.gov.cn/srcsite/A08/s7056/201707/t20170703_308464.html．
③ 新工科建设指南（"北京指南"）[J]．高等工程教育研究，2017，65（4）：20-21．

国工程教育人才培养改革的新理念与新思路；新工科人才培养改革前沿动态评析。

此后，国务院办公厅颁布了《关于深化产教融合的若干意见》（国办发〔2017〕95号，以下简称《意见》）①，要求"促进教育链、人才链与产业链、创新链有机衔接"，同时强调"鼓励企业依托或联合职业学校、高等学校设立产业学院"，产业学院建设被正式写入国家文件，成为促进产教融合的国家策略。《意见》为高职院校依托优势特色院系或骨干专业，寻找产业学院建设的最佳契合模式提供了目标愿景和行动指南。

2018年9月，教育部、工业和信息化部等部门出台了《关于加快建设发展新工科实施卓越工程师教育培养计划2.0的意见》②，提出面向工业界、面向世界、面向未来，主动应对新一轮科技革命和产业变革挑战，服务制造强国等国家战略，紧密对接经济带、城市群、产业链布局，以加入国际工程教育《华盛顿协议》组织为契机，以新工科建设为重要抓手，持续深化工程教育改革，加快培养适应和引领新一轮科技革命和产业变革的卓越工程科技人才，打造世界工程创新中心和人才高地，提升国家硬实力和国际竞争力。

2019年9月，国家发展改革委、教育部等联合印发《国家产教融合建设试点实施方案》，明确指出"深化产教融合，促进教育链、人才链与产业链、创新链有机衔接，是推动教育优先发展、人才引领发展、产业创新发展、经济高质量发展相互贯通、相互协同、相互促进的战略性举措"，进一步强调四链有机衔接的重要作用。产业学院位于产业链、教育链与创新链三链的融合处和边界重叠区③，是推动教育链、人才链与产业链、创新链有效衔接的重要方式，是职业教育实现产教融合、校企合作的重要载体。

在国家政策引领下，产业学院发展从局部试点到向全国推广，产业学院数量迅速增长。以广东省为例。截至2018年，广东省已经建成独具特色的

---

① 国务院办公厅. 关于深化产教融合的若干意见[EB/OL]. (2017-12-19)[2024-03-21]. http://www.gov.cn/zhengce/content/2017-12/19/content_5248564.htm.

② 教育部 工业和信息化部 中国工程院. 关于加快建设发展新工科实施卓越工程师教育培养计划2.0的意见[EB/OL]. (2018-9-17)[2024-03-21]. http://www.gov.cn/zhengce/zhengceku/2018-12/31/content_5443530.htm.

③ 蒋新革. 新时代高职产教融合路径的探索与实践[J]. 职教论坛, 2020(1): 123-127.

产业学院超过200个,覆盖20多个产业领域。① 同时,相关研究成果快速递增,在中国知网以"产业学院"为主题搜索显示,2017年发表论文为9篇,2020年发表论文数量达到92篇,是2017年的10倍。专家学者们从不同的研究视角对产业学院的内涵进行界定和阐释。② 部分院校以"四链衔接"推动产教融合校企合作,通过"以链建院、以链成院"的模式开展产业学院建设。比如,2018年广州科技贸易职业学院依托广州市教育局与广州开发区管委会合作共建的动漫游戏产业学院,打造涵盖动漫设计(产业链上游)、动漫产品及影视产品制作(产业链中游)、动漫游戏产品的展览与营销(产业链下游)的人才培养链条③,围绕"产业链"打造"人才链",有效破解广州开发区动漫产业发展的人才供给侧与需求侧之间的矛盾。

1.2.3 基于产业发展的提质培优阶段

这一阶段以2020年颁发的《现代产业学院建设指南(试行)》(教高厅函〔2020〕16号)和《职业教育提质培优行动计划(2020—2023年)》(教职成〔2020〕7号,以下简称《行动计划》)为标志,产业学院建设进入国家级示范项目推动的新阶段,即提质培优阶段。产业学院由传统向现代迈进,由数量向质量转变。《指南》的要点如下。

1. 打造技术技能人才培养高地

落实立德树人根本任务,将社会主义核心价值观教育贯穿技术技能人才培养全过程。坚持工学结合、知行合一,加强学生认知能力、合作能力、创新能力和职业能力培养。加强劳动教育,以劳树德、以劳增智、以劳强体、以劳育美。培育和传承工匠精神,引导学生养成严谨专注、敬业专业、精益求精和追求卓越的品质。深化复合型技术技能人才培养培训模式改革,率先开展"学历证书+若干职业技能等级证书"制度试点。在全面提高质量的基础上,着力培养一批产业急需、技艺高超的高素质技术技能人才。

---

① 蒋新革,等. 新时代高职产教融合路径研究:以"入园建院、育训结合"为特征的产业学院育人模式研究 [M]. 广州:中山大学出版社,2021:29,81-84.

② 朱跃东. 高职混合所有制二级产业学院建设的实践之惑与应对之策 [J]. 中国职业技术教育,2019(1):61-67.

③ 李海东,黄文伟. 粤港澳大湾区视阈下区域产业学院发展的若干思考 [J]. 高教探索,2020(3):23-28.

2. 打造技术技能创新服务平台

对接科技发展趋势，以技术技能积累为纽带，建设集人才培养、团队建设、技术服务于一体，资源共享、机制灵活、产出高效的人才培养与技术创新平台，促进创新成果与核心技术产业化，重点服务企业特别是中小微企业的技术研发和产品升级。加强与地方政府、产业园区、行业的深度合作，建设兼具科技攻关、智库咨询、英才培养、创新创业功能，体现学校特色的产教融合平台，服务区域发展和产业转型升级。进一步提高专业群集聚度和配套供给服务能力，与行业领先企业深度合作，建设兼具产品研发、工艺开发、技术推广、大师培育功能的技术技能平台，服务于重点行业和支柱产业发展。

3. 打造专业群

面向区域或行业重点产业，依托优势特色专业，健全对接产业、动态调整、自我完善的专业群建设发展机制，促进专业资源整合和结构优化，发挥专业群的集聚效应和服务功能，实现人才培养供给侧和产业需求侧结构要素的全方位融合。校企共同研制科学规范、国际可借鉴的人才培养方案和课程标准，将新技术、新工艺、新规范等产业先进元素纳入教学标准和教学内容，建设开放共享的专业群课程教学资源和实践教学基地。组建高水平、结构化的教师教学创新团队，探索教师分工协作的模块化教学模式，深化教材与教法改革，推动课堂革命。建立健全多方协同的专业群可持续发展保障机制。

4. 打造高水平"双师"队伍

以"四有"标准打造数量充足、专兼结合、结构合理的高水平"双师"队伍。培育引进一批行业有权威、国际有影响的专业群建设带头人，着力培养一批能够改进企业产品工艺、解决生产技术难题的骨干教师，合力培育一批具有绝技绝艺的技术技能大师。聘请行业企业领军人才、大师名匠兼职任教。建立健全教师职前培养、入职培训和在职研修体系。建设教师发展中心，提升教师教学和科研能力，促进教师职业发展。创新教师评价机制，建立以业绩贡献和能力水平为导向、以目标管理和目标考核为重点的绩效工资动态调整机制，实现多劳多得、优绩优酬。

5. 提升校企合作水平

与行业领先企业在人才培养、技术创新、社会服务、就业创业、文化传承等方面深度合作，形成校企命运共同体。把握全球产业发展、国内产业升级的新机遇，主动参与供需对接和流程再造，推动专业建设与产业发展相适应，实质推进协同育人。施行校企联合培养、双主体育人的中国特色现代学徒制。推行面向企业真实生产环境的任务式培养模式。牵头组建职业教育集团，推进实体化运作，实现资源共建共享。吸引企业联合建设产业学院和企业工作室、实验室、创新基地、实践基地。

2021年10月，中共中央办公厅、国务院办公厅印发《关于推动现代职业教育高质量发展的意见》。该文件旨在破除深层次体制机制障碍，推动职业教育高质量发展；强调职业教育供给与产业需求对接，以市场需求为导向，动态调整职业教育的层次结构和专业结构，健全多元办学格局，协同推进产教深度融合；特别强调"推动校企共建共管产业学院、企业学院，延伸职业学校办学空间"，并对新时期产业学院建设提出了新的指向，鼓励职业院校"走出校园"，进驻企业和产业园区建设产业学院。国家系列重大文件政策的出台，标志着职业教育和产业学院建设迈入提质培优、增值赋能、以质图强的新阶段。

1.2.4 基于"双高"计划的内涵建设阶段

在国家职业教育政策的推动下，在"双高"计划等重大项目的引导下，产业学院朝着高质量内涵目标迈进。部分高职院校对接区域战略支柱产业和战略性新兴产业，对标《指南》和《行动计划》，结合"双高"计划项目，探索高水平产业学院改革路径，建设模式更加灵活，产权结构更加多元，服务功能更加丰富。

在产业学院建设路径的探索上，闫雪原、魏进提出强化政策供给、完善产业学院建设的政策支持，以多元协同为目标完善产业学院内部治理机制等路径。[①] 丁小丽等从"混合""互融""共生"的角度提出了高职院校产业学院建设的路径：明确主体建设功能和职责，确立产业学院法人地位，建立

---

① 闫雪原，魏进. 产教融合背景下校企共建产业学院的建设路径研究[J]. 林业科技情报，2023，55（3）：202-204.

多主体共建共管共治机制,加强"工学研创服"一体化建设,积极开展校企协同育人探索和协商共定风险共担协议。① 杨琴首先分析了产教融合的内涵及建设高职院校产业学院的必要性,随后从5个方面讲述了高职院校应该怎样建设好产业学院。② 赵珊珊建议高职院校通过制定相应政策,优化管理体系;健全合作机制,创新人才培养模式;深化产教融合,提升人才培养质量;建设高水平师资队伍,双主体协同育人,积极探索实践路径,为高职产业学院建设提供多元化视角和指导性建议。③ 徐琼提出通过建立产业链与教育链衔接、协同育人资源共享两个运行机制,在创新人才培养模式、提升专业建设质量、打造实习实训基地和搭建产学研服务平台4个方面发挥重要作用,建设产业学院,有助于提升跨境电商产业人才培养质量,有效服务产业转型升级。④

在产业学院治理模式的探索上,许文静认为应以开放共享为价值取向,以协同整合为治理策略,以合作多赢为治理目标,针对产业学院内部治理结构由于主体利益的非整合性导致的价值取向碎片化,权力结构失衡导致的治理机制低效,治理目标分散导致的治理行为的非协同性,基于整体性治理理论,构建利益协调机制,整合多元利益关系,平衡权力结构,完善治理机制设计,统一行动逻辑,提高治理整体性。⑤ 李国杰针对多元主体下存在的校企合作深度不足,产业学院需要创新发展;行业作用发挥不够,产业学院需要引领发展;学院治理水平不足,产业学院需要规范发展等问题,提出"政校行企"协同推进产业学院治理体系创新,探索行之有效的内部运作机制,包括构建"互利共赢"的决策机制、完善"多元协同"的组织机制、优化

---

① 丁小丽,任东娜,高增荣,等.高职院校现代产业学院建设:价值、困境与改革路径[J].职业技术教育,2023,44(26):27-30.
② 杨琴.产教融合背景下高职院校产业学院的建设路径[J].营销界,2021(35):77-78.
③ 赵珊珊.产教融合背景下高职产业学院建设路径探究[J].辽宁师专学报(社会科学版).2022(5):122-124,136.
④ 徐琼.跨境电商产业学院建设机制与路径研究[J].安徽警官职业学院学报,2023,22(2):103-107.
⑤ 许文静.整体性视域下产业学院内部结构的治理逻辑研究[J].中国职业技术教育,2018(29):12-16.

"社会评价"的控制机制、创新"利益驱动"的激励机制。① 胡佳欣基于行动者网络理论构建的"行动者—转译—网络"分析框架,为产业学院内部治理提供了新的向度——识别治理主体,分析异质行动者的联结互动,呈现网络治理的新向度,对于内部治理路径的探索具有一定的参考价值。② 严世清等提出,利用公办职业院校产业学院的混合所有制与国企混合所有制存在内在契合,借鉴中国特色现代企业制度中的"五会一层"治理结构,结合我国高校在实践中形成的党组织领导下的校长负责制,构建形成混合所有制产业学院"党委和董事会领导下的职业经理人负责制"和"党委领导、董事会决策、监事会监督、职业经理人负责、专家治学、民主参与"的治理结构,对于公办职业院校开展混合所有制产业学院建设具有借鉴意义。③ 汪明等以某卫生健康类高职院校的产业学院建设与发展实践为例,结合校情深入分析当前产业学院的发展现状和存在的问题,探索构建具有行业特点的高职院校产业学院的治理机制,基于组织生态学和利益相关者理论,提出了重构产业学院内部治理机制与外部动力循环机制两大组成部分的解决方案。④

在产业学院的建设内涵上,广东省人民政府发布《关于培育发展战略性支柱产业集群和战略性新兴产业集群的意见》(粤府函〔2020〕82号),确立了十大战略性支柱产业集群(经济基本盘和稳定器)和十大战略性新兴产业集群(新的经济增长点),并逐一制订了20个战略性产业集群行动计划(2021—2025年),形成了"1+20"战略性产业集群政策文件;江苏省政府办公厅印发《关于推动战略性新兴产业融合集群发展实施方案的通知》(苏政办发〔2023〕8号),要求打造5个具有国际竞争力的战略性新兴产业集群,建设10个国内领先的战略性新兴产业集群、10个引领突破的未来产业集群;深圳市人民政府出台《关于发展壮大战略性新兴产业集群和培育发展未来产业的意见》(深府〔2022〕1号),培育发展"20+8"产业集群,即

---

① 李国杰. 多元主体参与办学模式下产业学院内部运作机制研究[J]. 教育科学论坛, 2020 (18): 37-40.
② 胡佳欣. 行动者网络治理:现代产业学院内部治理的新路径[J]. 青岛职业技术学院学报, 2022, 35 (1): 22-26.
③ 严世清,孙建. 公办职业院校混合所有制产业学院内部治理结构研究[J]. 教育与职业, 2023, 125 (1): 55-60.
④ 汪明,杨伯龙,毛梦真,等. 卫生健康类高职院校产业学院治理机制构建探索与实践[J]. 宁波职业技术学院学报, 2023, 27 (4): 92-97.

20个战略性新兴产业、8个未来产业。区域战略性产业集群的发展主要体现在产业结构、产业行为和产业绩效三个方面，可以围绕经济增长和集群成长，构建战略性产业集群的考核评价体系，加大产业集群跟踪评估及重点企业、项目服务力度，开展企业高质量发展综合评价，探索完善集群统计监测分析指标。

总之，我国产业学院的发展经历了萌芽发展阶段、积极探索阶段、提质培优阶段及内涵建设阶段，呈现出动态发展的态势，实现了组织形态上从无到有的转变，实现了数量上由少数试点建设单位到全面推广的转变，实现了产业链、教育链、人才链和创新链的有效连接。

1.3 产业学院的内涵与特征

1.3.1 产业学院的本质内涵

目前，学术界对产业学院的本质内涵尚没有一个统一的理论认知，产业学院的概念解读呈现出多样化的情形。人们对现代产业学院的认知是一个动态发展的过程，传统的产业学院往往是指高职院校的校外合作实践教学基地，而现代产业学院是在政府相关政策的支持下，立足高端产业，由普通高职院校与其他利益相关者，依托各自优势资源而联合设立的育人实体组织，形成了学校和其他利益相关者协同育人的机制和模式创新。产业学院具有以下本质特性。

1. 组织的联合性

学校的二级学院与企业的内部组织存在着横向和纵向的逻辑关系，产业学院是典型的联合型组织，这是产业学院现代性的主要特征。因此，对产业学院可以从不同的理论视角进行考察和解读。产业学院作为融合教育、产业和行业的联合型组织，消解了不同制度和文化的边界，具有双元化的效益和价值的追求。产业学院是产教融合各主体联合的集合体。首先，治理结构多样化。产业学院由政、校、企联合出资建设，混合所有制特征明显，产权结构具有多样性特征。产权结构是产业学院治理的基础，因此，产业学院将会出现多样化的治理结构。其次，使命和目标的多重性。产业学院既要突破人才培养创新的瓶颈，提高人才培养质量，满足区域经济社会发展需求；又要破解科学和技术研发难题，支撑区域产业转型升级；还要从市场化角度进行生产经营以产生经济效益和社会效益。因此，多元化的制度供给是产业学院育人目标实现的前提。最后，灵活的主体关系。产业学院的主体既可以是校内产学研合作、校企深度融合，也可以是校企多向联合型合作。产业学院的联合型特点，使其在创新产教融合、提高人才培养质量和降低校企合作交易成本等方面具有独特的先天性优势。

在此基础上，很多学者进行了研究和探索，李宝银、汤凤莲等认为产业学院是指学校与企业、地方政府、其他雇主或组织之间的资金、专业、平台、基地、人才、管理和其他合作资源与要素的整合，是实现人才培养、企业员工培训、技术研发、文化传承等共同目标的办学机构。[①] 张艳芳认为产业学院是国有资本和所有权属性不同的资本的混合体，是具有独立法人资格、建有现代法人治理模式、以市场需求为导向的办学机构。[②] 朱为鸿、彭云飞认为产业学院是为某行业企业服务的新的办学机构。[③] 郑则凌认为产业学院是指一所二级学院类型的办学机构，其形式是基于现代公司治理模型的二级学院，其特征体现为混合所有制和以市场为导向的运作。[④] 鲍计国认为产业学院致力于资源共享和合作共赢，是由二级学院与本地行业或行业中的领先公司建立的具有独立运行机制、为特定行业企业服务的新的学校机构。[⑤] 产业学院是指大学与利益相关者之间通过对资金、专业、平台、基地、人才、管理以及其他合作资源和要素的集成，以直接满足特定行业和区域社会发展需求的办学机构，在整个过程中将行业和公司元素整合在一起，具有针

---

① 李宝银，汤凤莲，郑细鸣. 产业学院的功能设计与运行模式 [J]. 教育评论，2015 (11): 3-6.

② 张艳芳. 关于高职混合所有制产业学院的思考 [J]. 职业教育研究，2017 (10): 15-19.

③ 朱为鸿，彭云飞. 新工科背景下地方本科院校产业学院建设研究 [J]. 高校教育管理，2018，12 (2): 30-37.

④ 郑则凌. 产教融合背景下动画产业学院的运行机制研究 [J]. 湖南包装，2019，34 (2): 133-135.

⑤ 鲍计国. 应用型高校与企业共建产业学院的优势与困惑 [J]. 西南石油大学学报（社会科学版），2019，21 (5): 73-77.

对行业人员培训、公司员工培训及技术研发、文化传承等功能。

2. 产业的高端性

产业学院的基本特点是面向和植根、服务于产业，因此，产业学院的现代性就表现为服务高端产业和产业高端。服务高端产业发展是产业学院的最大特征，没有产业的高端性，也就没有产业学院的现代性。未来特色产业和战略性新兴产业是高端产业的两个方向，国家首批立项建设的产业学院大多集中在信息技术、数字经济和智慧化医疗等方面。高职院校主动与优势企业联合所建立的产业学院，也是以高端产业为基础的。产业高端是指产业发展所处的最新阶段，往往是数字化和智能化相关产业新发展所形成的产业新形态。目前，国内比较知名的产业学院大多是依据产业高端而设置的。

行业组织是行业内企业的集合体，是企业单位自愿组成的民间组织，具有非官方性、非营利性、组织性和中立性的特征，是政府管理职业教育的有益补充。行业协会介于政府和企业之间，在政府政策化和企业市场化中起到重要的调节作用，行业协会熟悉本行业前沿发展动态和人才需求现状，因此充分激发行业协会的参与主体性，有助于产业学院的建设和发展。首先，行业协会有助于实现利益分配均衡化，满足多方参与主体的利益诉求。当参与产业学院建设的各利益主体在目标、价值和利益诉求方面发生矛盾时，行业协会的中立性使其能够在不同利益主体间发挥调节作用。在多方参与建设的产业学院中，行业协会发挥着难以替代的作用，是不同利益主体之间交流对话的重要纽带，是构建产业学院参与各方共同体的重要推动力量。其次，行业协会是信息传递的有效媒介。产业学院参与主体所有制属性不同，信息沟通体系和交流通道存在差异性，可能会出现信息不对称现象，导致校企深度融合和资源整合难度较大。行业协会是多种信息资源的汇集地，可以保障不同属性的参与主体共享信息，促进资源的有效整合。最后，行业协会是产业学院人才供需平衡的重要渠道。行业协会汇集了众多企业，能够准确掌握经济发展趋势和人才需求动向，能够高质量解决人才培养不能匹配经济转型和产业升级的难题，助力人才培养与区域产业发展精准匹配，增强高职院校人才培养的适应性。

3. 专业的融合性

专业是产业学院基本的组织单位，然而，以单一专业或同质化专业群为载体建成的产业学院并不具备产业学院的现代性特征。未来新型人才的培养是产业学院的育人方向，因此，产业学院所依托的专业或专业群应该是新型的理工农医类专业，并且能够实现理工农医类专业之间的融合。专业的融合性是对接高端性产业的必然结果，将有力促进"教育+生产"双要素的全过程和全方位融合。一方面，产业学院要以数字化经济发展趋势为参考，促进大数据、工业互联网和人工智能在理工农医等专业领域的融合；另一方面，产业学院要促进专业群建设，在"双高"专业群建设过程中促进不同学科门类的专业交叉融合。

张伟萍等认为产业学院有效地创造了工学结合的人才培养环境，结合公司的理念、机制、模式和条件等，形成开放合作的一体化模式，实现互动共赢的校企合作共生发展模式。高等职业学院立足于区域经济发展，与地方政府、行业协会和龙头企业进行深入合作，培养高技能人才，促进产业转型升级。① 孙振忠、黄辉宇认为产业学院是将社会力量引入学校，并与政府、企业和行业协会合作，运用企业管理方法，形成现代治理结构的新型办学模式。② 邬厚民认为产业学院是职业院校教育实践与生产实践相结合的校企合作产物，是针对特定行业的全面、三维、深度的校企合作模式。③

1.3.2　产业学院主体分析

产业学院是按照资源共享、互惠共赢的原则，由高校、企业、政府、行业组织和科研院所等多主体共同参与而建立的集人才培养、科学研究和社会服务于一体的新形态育人模式，其参与主体具有多样化的特点，各参与主体在产业学院建设和发展过程中有着不同的利益诉求，分别发挥着不同的作用(图1-5)。

---

① 张伟萍，俞步松，王自勤，等. 基于产教融合的"物流产业学院"机制创新与实践[J]. 中国职业技术教育，2015(31)：90-93.
② 孙振忠，黄辉宇. 现代产业学院协同共建的新模式：以东莞理工学院先进制造学院（长安）为例[J]. 高等工程教育研究，2019(4)：40-45.
③ 邬厚民. 产教融合视域下高职产业学院的机制建设探索[J]. 现代职业教育，2020(26)：210-213.

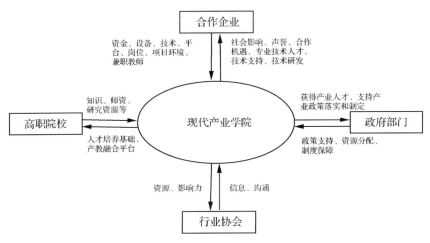

图 1-5　产业学院合作主体

高校是产业学院建设的首要参与主体。培养新时代卓越工程师是产业学院的主要目标，而人才培养是高校第一要务，因此高校是产业学院建设的最重要主体。在产业学院包括招生、培养计划制订、课程设置、师资配备、学习评价等在内的人才培养过程中，高校均发挥着主导和核心作用。高校除了在人才培养方面为产业学院提供系统的学科专业知识、师资力量、人才培养经费等，还为企业提供开展科研需要的人员、设备和平台等资源及技术咨询服务，为政府提供产业发展研究、政策制定和决策支持服务，为行业组织提供发挥纽带作用的平台。产业学院为高校提供真实工程环境下的人才培养基地、校外兼职教师及其他教育教学资源，提高高校在产业界的影响力等。

企业参与是产业学院最重要的特征，是产业学院面向产业培养卓越工程师和开展产业技术研究的重要前提。企业能够为产业学院建设提供资金、设备、技术和研发平台等支持，为人才培养提供工程实训实践岗位、真实工程环境和真实工程问题、企业文化、兼职教师等。参与产业学院建设为企业带来的利益包括提高其社会影响、声誉及其在行业内的地位，拓展与高校在其他领域的合作等，还可为企业提供相关专业技术人才及技术支持，有利于企业的技术研发、形象宣传、产品营销等。因此，实力雄厚的企业是产业学院建设不可或缺的参与主体，如入选首批产业学院的中南大学轨道交通产业学院和西南交通大学中车时代微电子学院，分别与中车株洲电力机车有限公司和中车株洲电力机车研究所共建产业学院。

产业学院建设离不开政府部委或地方政府直接或间接的参与，其在资源分配以及政策措施等方面发挥主导作用。政府的直接参与主要包括为产业学院建设提供专门建设用地、通过设立相关项目提供资金、参与多方协同育人平台建设、完善与建立产学研合作中介体系等。政府的间接参与主要为产业学院建设和运行提供良好的外部环境，包括政策引导、完善法律体系、降低制度性交易成本和信息不对称性等。简言之，政府为产业学院建设提供政策支持、资源分配、制度保障等。政府参与产业学院建设所获得的利益包括通过培养产业需要的工程人才支持政府产业政策措施的贯彻落实，促进产业的发展，通过未来新工科学科专业的建设和引领未来产业发展方向为政府产业政策措施的制定提供参考。

行业组织也是产业学院建设的重要参与主体。行业组织在产业学院建设中的作用主要表现在为利益相关各方搭建协调与沟通的桥梁，促进多方协同育人目标和产业发展目标的实现。首先，行业组织能够通过信息沟通和交流，加深企业与大学之间对相互诉求和优势的了解，深化双方可持续的深度合作；其次，行业组织能够为参与各方提供所需的当前和未来信息及必要的技术指导；最后，行业组织能够通过高校出面为其他各方组织相关教育及培训活动。行业组织通过参与产业学院建设提高了自身在学术界和产业界的影响力，同时也为自身发展获得了相应的资源。

1.3.3 产业学院的基本特征

从 2007 年至 2023 年，有 85 篇文献论述产业学院的基本内涵，也有江苏、广东、浙江等多个省（市）出台发展产业学院的指导意见，甚至有些省（市）出台了产业学院的建设标准，但没有对产业学院基本特征的研究，就不能保证产业学院的健康发展。

1. 以企业联合学校组建为基本前提

按照《国务院办公厅关于深化产教融合的若干意见》（国办发〔2017〕95 号）提出的"强化企业重要主体作用"，"鼓励企业依托或联合职业学校、高等学校设立产业学院和企业工作室、实验室、创新基地、实践基地"要求，产业学院应由企业联合学校组建。这里的企业作为办学主体，须是独立的法人单位，因此产业学院也是法人单位，按照现代法人治理模式，建立由学校、政府、行业、企业等多方参与的产业学院理事会（董事会）、专家指导委员会，行使学院重大事项决策权，而且应具备较完善的产业学院人事、财务等制度。比如：德州学院和山东德州扒鸡股份有限公司签署共建"德州扒鸡产业学院"，推进以扒鸡为代表的德州特色食品品牌建设、科技创新和文化传播，使产业与专业同频共振；2010年成立的广州大学产业学院，其招生对象主要有政府产业干部、企业在职管理者、应届大学毕业生等，即为有兴趣深造者的能力提高提供相应的学习环境；福州大学紫金矿业学院，由福州大学与紫金矿业集团股份有限公司合作创办，以企业联合学校组建为基本前提。

2. 以校企"三权分置"为基本创新

产业学院作为一种组织创新，必然是产权层面上的配置创新。因为我国多数职业院校是事业单位，尽管一般属于二类事业单位，但合作的单位往往是企业，这必然需要机制创新。一般可以通过对校企双方投入资产的所有权、管理权、使用权实施"三权分置"改革，形成责、权、利等配置合理、运行高效的校企融合办学体制，具体可形成托管合作、产权合作、契约合作、资源协同等多种资源整合与合作办学形式，有效地将企业的生产资源转化为教育教学资源，形成社会多元办职教的良好局面。比如：河南机电职业学院通过产权合作形式，与河南动力森林健康产业有限公司、河南龙翔电气股份有限责任公司、郑州亚柏智能科技有限公司合作共建了体育健康学院、电气工程学院、航空学院3个产业学院；通过契约合作形式，与巨通电梯、郑州港区智能终端产业园、好想你产业园、华丰灯饰界产业园、梦舒雅服装产业园、中原创客小镇、禹亳铁路等企业、产业园区合作建立了电梯学院、智能终端学院、乡村振兴学院、设计学院、服装学院、物联网学院、轨道交通学院等11个产业学院；通过资源协同形式，与宇通客车、郑州华南城、富士康等共建了汽车学院、云商学院、智能科技学院3个产业学院；通过托管合作形式，与民权县制冷产业集聚区、北京德中双元教育科技有限公司、郑州书画院合作共建了制冷技术学院、国际学院和美术学院3个产业学院。

3. 以深化产教融合、校企合作为目的

我国产教融合的深化需要解决学校和企业的混合所有制问题，这样才能从根本上解决技术技能人才培养培训需要的产业企业环境资源问题。这要求办产业学院的企业主体应具备与培养规模相匹配的较先进的生产经营环境，并能将行业最新的实验仪器设备、企业项目案例、课程资源等软硬件资源投

入教育教学过程。比如：大涌红木家居产业学院原为中山职业技术学院艺术设计系雕刻艺术与家具设计专业，自创建以来，学院积极探索高职教育的新思路，坚持"校企合作、工学结合、项目驱动、任务导向"的教学思想，实行开放式教学，注重与企业相结合；武夷学院圣农食品产业学院是武夷学院深入贯彻落实中共福建省委、省政府有关产业转型升级和精准扶贫的工作部署，主动服务南平千亿食品产业发展战略，促进产教融合的一项重大举措；三明学院的中兴通讯ICT学院获评福建省2017年示范性产业学院，标志着该校在深化产教融合、校企合作、完善校企协同育人机制方面取得了新突破。

4. 以利益相关者合作共赢为效果追求

创建产业学院，利益相关者较多，不仅包括学校和企业，还包括学生、教师、政府、社会等，其在产业学院中的身份角色不同，对利益的诉求也各不相同。产业学院的创建需要研究、审视、平衡各个利益相关者的利益。学生诉求学习环境和实践训练的真实性、生活环境的舒适性，以助其学到真正的职业本领；教师诉求教育教学条件的改善和自我价值实现；企业在诉求社会效益的同时，也需要实现经济利益；学校诉求教育教学质量的提升和学校的改革发展；政府诉求教育政策的落实、人才培养质量、国有资产保有；社会诉求高质量的教育；等等。这些利益诉求都需要在产业学院建设和运营中得以体现。比如，沙溪纺织服装产业学院是中山市沙溪镇政府与中山职业技术学院合作共建的；古镇灯饰产业学院是由中央财政支持、中山职业技术学院与古镇镇政府共同投资建设的；南区电梯产业学院是由中山职业技术学院联合中国电梯协会、中山市南区政府成立的。中山职业技术学院的这几所产业学院不仅促进了当地产业的发展，申请了许多发明专利，而且促进了教师的发展，刘小娟、魏加争、陈贤照等老师荣获2018年中国技能大赛第二届全国智能制造应用技术技能大赛决赛一等奖，被授予"全国技术能手"荣誉称号；符小聪老师荣获广东省第四届高校（高职）青年教师教学大赛总决赛文科综合组冠军，获颁"广东省五一劳动奖章"；古镇灯饰产业学院灯具设计师马驰获"全国青年岗位能手""中国设计业十大杰出青年"荣誉称号及iF（Industrie Forum Design）产品设计金奖。中山职业技术学院设立产业学院不仅促进了学生的发展，而且促进了学校的发展，该校荣获"国家优质高职院校""全国高职院校教学管理、服务贡献、教学资源50强""广东省创新创业示范校"等称号。

1.3.4 产业学院的发展趋势

1. 混合所有制特色更鲜明

产业学院是教育与产业领域精准对接的重要桥梁与纽带，是培养产业急需的应用型技能型人才的重要平台与载体。建设好产业学院，势必要达成产业与教育领域的权、责、利平衡。在组织架构设定上，要根据不同参与主体的参股比例和重要程度决定各主体的构成权重。因此，混合所有制是解决问题的关键。独立运行的混合所有制产业学院在有效吸引行业企业参与建设、集成教育资源的基础上，能促使教育与产业的供需两侧更加关注经济社会的长远发展，最大限度地降低产业资本的短期逐利性，有效实现产业学院的育人功能。

2. 多元主体参与的育人功能更强大

产业学院的建设绝不仅仅是高校的事情，如果仅有作为人才培养供给侧的高校发力，是难以做好产业学院建设的。因此，产业学院建设目标的设定要满足学校、企业、政府、行业等多元参与主体的不同诉求；在功能设定与实现上要更体现不同参与主体的利益需求与关注重点，从而实现产业学院构成要素的集成发展趋势。同时，必须强化政府统筹调控、引入行业组织指导、促进企业深度参与、规范学校建设路径、增强学生个人意愿、获得家长大力支持，并充分调动多元主体的积极性与参与度，这样才能发挥系统整合能力，打造出适合经济社会发展的高水平产业学院。

3. 规模数量持续增长，办学层次多元丰富

产业学院的未来发展必将更受重视，其规模、数量也将呈现不断发展的态势。同时，产业学院未来的建设领域不会仅局限于校企合作范畴，多元主体的参与势必使之呈现更加多样性的走向。"政府统筹型""科技园区型""行业协会型""产业联盟型""龙头企业型"等类型将协同发展。建设体系也会不断丰富，以适应更广泛的人才培养需要。

1.4 "双高"计划下的产业学院建设

1.4.1 "双高"计划下产业学院建设的内涵

"双高"计划要求构建高职教育链与产业链的融合发展机制,提升高职教育服务产业转型升级的能力,为增强我国产业竞争力提供有力支撑。在我国"双高"计划深入实施的背景下,加强高职专业群与产业群的双向协同,是高职教育提升技术技能人才培养效能、适应产业转型升级的内在要求和外在表现。

从产业发展视角看,围绕我国转型升级中的产业链,部署创新链、人才链,促进产业链、创新链与人才链的无缝衔接,是我国由制造业大国迈向制造业强国的客观要求。高职教育作为产业链与创新链衔接的媒介及人才链建设的重要阵地,培养适应和满足产业转型升级发展需要的高素质复合创新型技术技能人才,是其特色专业群建设的重要价值取向。当前,我国高职人才链与产业链脱节的现象普遍存在。专业与产业对接不足,技能人才供给端与产业需求端存在深层次的结构性矛盾,倒逼高职教育变革专业建设模式:从传统单一化的学科专业建设向多学科专业交叉融合、集群式发展转变。这可以使高职专业群建设和人才培养更加适应现代产业链的要求,从而培养出更多实用适切的高素质复合创新型技术技能人才。

从人才培养视角看,高素质复合创新型技术技能人才的核心素养是良好的学习能力、创新能力和实践能力,背后则是更丰富的知识储备、更宽阔的专业视野和更强的专业技术综合应用能力。专业是高职教育人才培养的基本单元。加强高职教育不同专业学科的交叉融合,推动专业的集群化建设,能够有效破除不同专业之间的学科界限,整合不同学科专业的教育资源,提升知识传播的整体性和系统性,拓宽高职学生的专业视野,促进高职学生知识体系的综合化、特色化,推动不同知识类型的互通和转化,为培养高职学生的创新能力、专业综合能力奠定坚实的基础,这对高职教育人才培养效能的提升具有显著的作用。

"双高"计划建设的内涵如下。

1. 发展专业集群,打造一流品牌学科

"专业集群"是指同一区域内的一个行业、技术领域或服务领域,由若干个专业群体组成,每个专业群体由若干个相似的专业组成,形成一个专业集群结构。专业集群的发展充分体现了产业集约化和一体化的理念。建立学科集群是现代产业院校建设的必然要求,是与地方产业发展密切互动的必然要求,也是克服过去学科集群建设中存在的问题的有效途径。其目标是通过对学科群、专业群等资源的整合和集约管理,逐步建立和发展一批与集团内其他学科相协调的高质量品牌学科,提高学科群的社会服务能力。

2. 产教结合,推进教学机制改革

产教结合是由课程本身特点决定的,是提高高校教学质量的必要条件。产业院校的"双高"计划建设也需要努力实现产业与教育的结合,从深化产教结合入手,将产教结合融入"双高"计划建设全过程,以产教结合为主线,推进产业院校教育体制和机制的转型与发展。产教结合还必须建立适应现代产业特点的教育标准体系,使先进的生产技能、现代产业服务理念、"工匠精神"和产业发展贯穿"双高"计划教学建设的全过程,实现产业院校教育体制的进一步转型。

3. 挖掘潜力,实现国际化发展

在"双高"计划背景下,要努力建设一批引领改革、支持发展、具有中国特色的世界一流学校和专业集群。我国产业发展需要高素质、高水准的技术型人才支撑。产业院校是为我国提供高素质、高水准的技术型人才的重要途径之一,也可实现高素质高层次技能人才的输出,通过"参与制定国际教育标准"增强我国高校在全球高等教育中的话语权,并积极促进各领域先进技术教育示范成果的引进与普及,促进我国高校与其他国家高校的沟通和协作,进一步增强我国的综合实力与影响力。

4. 更新观念,适应高质量发展要求

教育理念贯穿于现代产业学院的人才培养,对学校教育的发展起着重要的指导和推动作用。"双高"计划提出要"牢固树立新的发展观,推进职业教育,加强内涵建设,实现高质量发展"。高质量发展不仅是我国未来经济发展的主流,也是我国"双高"计划的重要理念,对我国教育的发展有着深远影响。随着"双高"计划建设的逐步推进,我国需要丰富产业院校的办学

理念,培养具有创新、包容、现代、开放观念的人才,以适应产业院校高质量发展的新要求,为我国高等教育内涵式发展提供动力。

1.4.2 "双高"计划下产业学院建设的价值

1. 国家层面:产业学院建设是国家产教融合政策的新导向

高等教育的改革离不开国家政策的指导与引领,这在产业学院的孕育、建设与发展中都有充分体现。自 2005 年国务院《关于大力发展职业教育的决定》(国发〔2014〕19 号)提出"大力推行工学结合、校企合作的培养模式"以来,"校企合作"逐渐成为高职院校内涵式发展的重要要求。2006年,教育部《关于全面提高高等职业教育教学质量的若干意见》(教高〔2006〕16 号)提出"探索工学交替、任务驱动、项目导向、顶岗实习等有利于增强学生能力的教学模式","要紧密联系行业企业,厂校合作,不断改善实训、实习基地条件"。在此背景下,有学者借鉴英国产业大学的概念,提出"探索高职教育的产业学院办学模式"。2014 年,国务院《关于加快发展现代职业教育的决定》提出激发职业教育办学活力,探索混合所有制职业院校改革。2015 年,教育部《高等职业教育创新发展行动计划(2015—2018年)》(教职成〔2015〕9 号)进一步提出建设混合所有制二级学院;同年,教育部印发《关于引导部分地方普通本科高校向应用型转变的指导意见》(教发〔2015〕7 号),开启了本科院校应用型产业人才培养的新篇。自此,产业学院作为一种培养产业人才的有效路径在各类高校中得到了长足发展。

2017 年,国务院办公厅《关于深化产教融合的若干意见》(国办发〔2017〕95 号)明确提出"深化'引企入教'改革":"鼓励企业依托或联合职业院校、高等学校设立产业学院。"这是"产业学院"这一概念在国家政策文件中的首次正式出现。2018 年,教育部、工业和信息化部、中国工程院《关于加快建设发展新工科实施卓越工程师教育培养计划 2.0 的意见》提出"经过 5 年的努力,建设一批新型高水平理工科大学、多主体共建的产业学院和未来技术学院"。2019 年 1 月,国务院《国家职业教育改革实施方案》(国发〔2019〕4 号)强调:"深化办学体制改革和育人机制改革,以促进就业和适应产业发展需求为导向,鼓励和支持社会各界特别是企业积极支持职业教育,着力培养高素质劳动者和技术技能人才";"发挥企业重要办学主体作用,鼓励有条件的企业特别是大企业举办高质量职业教育,各级人民政府可按规定给予适当支持";"支持和规范社会力量兴办职业教育培训,鼓励发展股份制、混合所有制等职业院校和各类职业培训机构"。同年2月,中共中央、国务院印发的《中国教育现代化2035》指出:"坚定实施科教兴国战略、人才强国战略";"推动职业教育与产业发展有机衔接、深度融合"。同年4月,教育部、财政部《关于实施中国特色高水平高职学校和专业建设计划的意见》(教职成〔2019〕5号)要求"吸引企业联合建设产业学院和企业工作室、实验室、创新基地、实践基地"。2020年,教育部办公厅、工业和信息化部办公厅研究制定的《产业学院建设指南(试行)》,进一步明确了产业学院建设的指导思想、建设目标、建设原则、建设任务与立项遴选程序。

因此,从国家层面来讲,共建产业学院是深化产教融合,推动教育优先发展、人才引领发展、创新发展的战略性举措。① 这有利于推动职业院校和企业共同研发成果的转化,有利于培养高职院校学生的技术技能,推动企业技术进步和产业升级,更好地服务产业发展。所以说,探索产业学院的建设,具有极其重要的理论意义和现实意义。

2. 地方层面:促进地方产业新旧动能转换

"双高"计划实施背景下,加强高职专业群与产业群的协同,将改变高职教育专业建设始终处于追赶国家和地方产业经济发展需要的状态,为地方产业发展实现新旧动能转换注入新动力。

高职专业群与产业群协同,能够有力推动地方产业结构转型升级,集中体现为高职院校专业建设思路和专业建设方向的转变,即高职院校主动应对地方产业转型升级和经济结构调整的诉求来规划、布局与设置专业。专业建设从加强内部资源整合转向内外部双向协同,从过去被动适应走向主动求新求变,实现高职教育专业建设与地方产业经济的联动。由此促进高职教育职能的丰富和提升,增强高职教育人才培养的适用性,为地方产业经济发展提供新动力。

高职专业群与产业群协同,能够有力地增强新兴产业发展动能。地方经济发展新旧动能转换的重要标志是新模式代替旧模式、新业态代替旧业态、

---

① 中国教育科学研究院,全国职业高等院校校长联席会议.2021年中国职业教育质量年度报告[M].北京:高等教出版社,2021.

新技术代替旧技术。经济增长方式由数量增长型向高质量发展型转变、由外延增长型向内涵发展型转变、由劳动密集型向知识密集型转变。高职专业群与产业群协同，面向新产业、新行业、新业态以及新岗位群布局专业，面向国家急需领域与紧缺人才目录增设专业，能够为地方新经济、新产业提供人才支撑和技术支撑，从而为地方产业发展实现新旧动能转换做出贡献。

高职专业群与产业群协同，能够有力促进地方产业技术升级与创新。技术升级与创新是地方产业进行新旧动能转换的重要内容，也是地方经济塑造新发展动能的主要引擎。高职专业群与产业群协同，在针对地方重点产业群、优势产业群及特色产业群培养适切对口的高素质人才的同时，相关专业群也是地方产业生产技术研发、升级与创新的载体。高职院校通过深度剖析地方产业技术的发展趋势及需求，不断增加产业技术的科研投入，推动相关成果向生产应用转化，并融入专业群建设，实现专业群与产业群的有机融合，为地方产业的新旧动能转换注入强大动力。

3. 学校层面：在改革推进中实现增值发展

高职专业群与产业群协同，推进了高职教育"三教"（教师、教材、教法）改革。深化"三教"改革是近年来我国高职教育实现高质量内涵式发展的重要抓手，也是高职教育改革创新的主线。"双高"计划实施背景下高职专业群建设的重点工作是面向产业链，加快专业建设改革，实现高职教育的增值发展。专业建设是高职院校组织实施教育教学工作的中心点。要改革专业建设的方向、思路、方法和模式，与专业教育紧密相关的教学素材、教学方法和教师能力也必然需要进行相应的变革，以适应专业建设工作全面改革的要求。以专业群为核心进行的专业建设改革与"三教"改革之间是相互影响、密不可分的，在实践中两者会发生协同联动效应。随着高职院校专业群建设工作的逐步展开，"三教"改革也将逐步深化，从而带动高职教育质量的整体性提升和增值发展。

专业群与产业群协同，强化了高职教育内涵建设。内涵建设是现阶段我国高职教育事业建设发展的核心主题。从"示范校""骨干校""优质校"到"双高"计划建设，我国在不同时期依据高职教育事业建设发展的阶段性特征，有侧重地部署了高职教育的内涵建设工作。如"国家示范性骨干高等职业院校建设计划"主要是以课程建设为基本范型，"双高"计划则是以特色专业群建设为主线。由此能够看出，随着我国高职教育改革的不断深入，其改革方向也发生了深刻的转变，即由过去主要聚焦部分人才的培养环节向统筹宏观产业发展转变，这也为高职教育强化内涵建设和增值发展指明了前进的方向。高职专业群与产业群协同，本质上是一种等位耦合。现代产业的发展形态是链式结构，单一化、孤立化的专业建设模式已经难以跟上产业结构的发展变化。只有以专业群建设为方向，才能消除传统的以学科为导向、封闭僵化的专业建设模式的影响，从而在更高质量地服务地方经济社会发展中实现高职教育的自我增值和内涵提升。

1.4.3 "双高"计划下产业学院建设的内容

为了实现产业学院的建设目标，使建成后的产业学院能够正常运行和有效运转，需要完成以下主要建设任务：人才培养模式创新、实训实习基地建设、专兼职师资队伍建设、多方协同长效机制建设、组织文化建设等。

1. 人才培养模式创新

面向现代产业的卓越工程师培养强调培养主体的多元化和培养目标的产业导向性，并注重学生工程实践能力、创新能力、工程设计能力和工程问题解决能力的培养。这就需要产业学院在人才培养目标、培养标准、培养方案、课程体系、教学方法等方面有所创新，改变传统的工科人才培养模式，进行多方面的探索，逐渐形成行之有效的多方协同育人模式。

2. 实训实习基地建设

产业学院需要具备满足学生工程实践创新能力培养的实训实习平台或基地，以及用于产业技术研发和解决产业实际问题的大型实验平台或综合实验室。这些实训实习平台或基地、大型实验平台和综合实验室的建设方式需要有所创新、灵活多样，总体建设原则是：由高校主导，行业企业和科研院所参与，各级政府支持。既可由高校和企业、科研院所合作共建共享平台，也可由高校联合多个企业共建通用平台，还可基于高校或企业已有的相关实验资源进行扩建或改建，各级政府可以提供政策和经费方面的支持。建成后的实训实习平台或基地、大型实验平台和综合实验室应该具有以下特点：（1）通过融入企业生产实践、嵌入完整产业链、对接企业生产环节，提供真实的工程实践环境；（2）兼具生产、教学、研发、创新创业功能，能够满足多方需求，更好地发挥其作用。

3. 专兼职教师队伍建设

专兼职教师队伍是由校内专职教师和校外兼职教师共同组成的优势互补、密切合作的教师团队，主要表现在具有扎实的工程实践能力、突出的工程创新能力、显著的服务产业发展能力、优秀的综合素质，从而胜任培养新时代卓越工程师和促进产业发展的需要。专兼职教师队伍建设的主要目的在于充分发挥专职教师和兼职教师各自的优势、形成合力，共同为实现产业学院建设目标而努力。为此，需要建立校内外人才双向流动机制，设置灵活的人事制度：一方面选聘行业协会、各类企业及科研院所的专家担任兼职教师，完善产业兼职教师引进、认证与使用机制；另一方面选送高校教师到行业企业顶岗锻炼，提升其工程实践能力和解决产业发展实际问题的能力，同时建立健全专职教师和兼职教师交流合作的机制。

4. 多方协同长效机制建设

产业学院必须构建高校、企业、政府部门、行业组织、科研院所等多方协同长效机制，以确保其功能和作用的发挥。在产业学院建设过程中要大胆进行组织创新、体制机制创新，构建共建共管的组织架构，探索共治共管等治理模式，授予产业学院建设所需的资源配置权力，建设科学高效、保障有力的制度体系，增强产业学院自主可持续发展的能力。

5. 组织文化建设

组织文化是组织的精神支柱，起着凝聚和激励组织成员的作用。组织文化是组织在解决生存和发展问题中逐步沉淀而形成的，是组织建设和发展不可或缺的要素。产业学院应该构建支持多方协同共赢和可持续发展的组织文化，包括共同的价值观、发展理念、行为规范、组织精神、组织形象等，涉及精神层面、制度层面和行为层面。精神层面应以产业学院建设理念为核心，为其他层面提供思想基础；制度层面应以产业学院建设目标为追求，规范和约束其他层面的建设；行为层面则是精神层面和制度层面在行动上的体现。

此外，产业学院建设需要专门的物理空间。一般而言，产业学院应建立在现代产业企业相对集中的高新技术园区或产业园区，这样不仅有利于发挥聚集效应和地理位置临近优势，使高校与企业及科研院所能更好地开展合作，而且有利于降低合作各方的沟通和协作成本。这就需要各级政府，特别是地方政府为产业学院建设提供土地政策支持，建设开放共享的物理空间。

第 2 章

服务区域产业，推动专业群协同发展

产业学院是面向国家和区域经济社会发展需求，推动教育链、人才链、产业链有效衔接与深度融合，加快培养区域产业高质量发展所需高素质人才的新型办学模式。在"双高"计划背景下，产业学院框架下的专业群建设是改革和发展的重点任务之一，专业群建设要面向区域重点产业，依托优势特色专业，健全紧密对接区域产业、动态调整、自我完善的专业群发展机制，促进专业资源整合和结构优化，发挥专业群聚集效应，实现人才培养供给侧和产业需求侧结构要素全方位融合。

2.1 面向区域发展战略，确定专业群结构布局

2.1.1 产业学院与专业群建设的关系

职业教育要实现自身的高质量发展，需要紧密对接产业链，高度重视产教融合的推进和深化，尤其是要注重提高产教融合的质量。服务产业发展是职业教育的属性之一。[①] 在"双高"计划背景下，高等职业教育的重点由专业建设转向专业群建设，一个专业单打独斗的时代已经过去，而专业群的发展需要高职学校更加紧密地与政府、行业、企业对接和进行资源整合。应以

---

① 隋明，任金宇，荣加超，等. 产教融合背景下食品专业群现代产业学院建设模式和运行机制研究 [J]. 福建轻纺，2023 (8): 64-67, 77.

产业学院为载体，多元主体扩展专业群内各专业发展空间，构建发展模式，发挥专业群特色，共同完成专业群建设的各项任务，进而推动专业群建设的综合改革，对同类专业群的建设与改革起到示范引领作用（图2-1）。

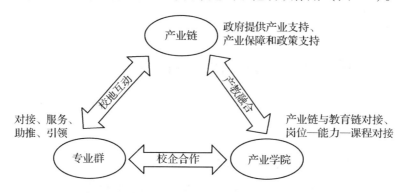

图 2-1　专业群、产业链、产业学院互动模式

1. 产业学院是专业群融合发展的主要载体

产业学院对于专业群的建设来说，是专业群融合发展的主要载体，起到协同发力的作用。产业学院由行业协会和企业等多元主体主办，其办学的灵活性、目标精准性及与行业企业的高度融合性都非普通高职院校可比。传统的公办高职院校由政府主办，虽也在大力探索产教融合、校企合作，但在探索成效上远不及产业学院。产业学院最初兴起于广东中山。由当地龙头企业、产业协会共同举办的职业院校，其办学目的就是服务于地方企业和行业的发展，与企业发展、行业发展有着高度的融合性。随着探索的进展，职业院校中的一些二级院校发展为产业学院，对接地方企业和产业，建设特色专业，服务相关产业集群。专业群的建设需要多元主体的资源整合和统筹规划，行业、企业、政府和高职院校要进行更加密切的沟通与合作，对专业群进行协同建设，产业学院就是专业群建设的主要教育载体，基于其资源和管理上的优势，以及积累的先进经验，在高职院校专业群建设中发挥着主力军的作用。

2. 以区域产业为导向构建专业群

高职院校专业群组建的结构逻辑是，围绕区域经济中某一支柱产业（集群）的产业链或某一技术或服务领域，依据学院自身的办学定位和服务面向，以学校优势、重点或特色专业为核心，根据技术基础相近原则，按行业基础、产业（集群）基础推动专业之间全面融合，以此形成专业集合。具体来说，要依据"技术领域相近、专业基础相通、就业岗位相关（或交叉）、教学资源共享"的原则进行"专业群总体构架"和"专业群课程体系构建"的顶层设计,以增强核心专业的竞争力,产生1+1>2的效应,即有效发挥师资、课程平台、实训实验设施等教学资源的集聚效应,有效降低教学成本,提升教学效益。

依据"双高"计划推动产业升级、促进区域发展的要求,部分院校开始探索以区域产业发展为导向构建专业群的建设模式。高职院校在充分调研和把握区域产业结构及发展趋势的基础上,将地方支柱产业及未来发展的人才需求作为专业群建设的重要依据,对接专业链与产业链,挖掘人才对经济的支撑作用。实施这一模式的关键在于,精准把握区域产业发展现状、未来趋势及地方支柱产业对各个生产要素的集聚效应。若能站在区域产业长远发展的角度推进专业群建设,必然能够更好地发挥高职院校在地方经济社会发展中的基础性作用。如苏州工业园区服务外包职业学院通过分析和把握金融大数据产业发展趋势及大数据产业基地发展需求,充分整合"大数据技术""金融科技应用""大数据与会计"等相关专业,共同构建了金融大数据专业群。该专业群从金融数据服务的整个流程入手,将金融数据采集、金融数据分析与处理及金融数据挖掘应用技术整合起来,作为专业群建设的内容体系,并转化为相应的人才培养方案,为苏州市金融大数据产业技术创新、规模壮大提供了强力支撑。

3. 产业学院促进专业群融合发展

"双高"计划为职业院校的发展指明了方向,使高职教育由建设专业向建设专业群发展,基于此,建设高质量的产业群是当前高职院校发展的重要落脚点。产业学院基于其已经探索出来的成绩,在产权、管理机制上的灵活性,在产教融合上的先进性等,可以在很大程度上起到示范带动作用,为其他公办、民办高职院校协同建设专业群提供一定的参考和借鉴,可以促进高职院校专业群建设的制度变革、治理方式变革等。比如产业学院在人才培养方式上的创新为专业群融合发展提供了更加适切的人才培养模式,可以为高职院校打造专业群提供示范作用。产业学院有行业和企业主体的参与,使得人才培养模式更加契合行业和企业的发展需求,更有利于专业群的建设。其功能有:直接把人才培养目标与企业的用人标准、选聘标准结合起来;直接把课程内容与企业的工作内容、工作流程、行业标准结合起来,通过活页式教材把教材与企业的工作手册结合起来;直接把企业、行业的管理贯彻在对学生的日常教育管理中，按照企业、行业的标准来进行管理；直接在保障服务体系中针对性地服务专业群建设，建设"双师型"师资队伍，提升科研转化率；等等。这些在专业群建设方面的先进经验都使得产业学院可以成为高职院校建设专业群的示范和引领。

高职院校在建设专业群时可以利用产业学院的人才培养模式，使行业、企业参与人才目标的制定、课程内容的设计、教学模式的创新及教育管理的实施。在产业学院中开启现代学徒制教育试点，利用现代学徒制促进校企共同进行人才的培养和管理。一是利用现代学徒制试点实现招生招工一体化，二是利用现代学徒制试点实现教学标准体系的共建，三是利用现代学徒制试点实现"双师型"师资队伍建设，四是利用现代学徒制试点实现工学结合。利用现代学徒制试点推进岗位需求与人才培养的紧密结合，实现产业学院学生毕业即就业的人才培养模式。

通过企业和行业的参与，整合相关优势资源，促进人才培养理念的变革，促进教学内容的变革，使培养的人才更加符合时代对行业的发展需求，使教学内容更加契合行业的发展趋势和发展需求。把行业的先进技术、发展趋势等融入教育专业群的建设中，如数字化技术、云智能化技术等，通过重要技术要素的共享，提高专业群的教育质量，使其真正成为人才培养的高地，成为科技创新的服务平台。在教学模式中坚持产教融合，使"双师型"师资队伍参与协助创新，使学生进入企业的真实项目，使教学走进行业的发展。在管理保障体系中，建立循环持续改进机制，校企双方在资源开发、教学内容完善、教学评价、教学团队建设等环节不断跟进和优化，在实践中不断反馈并完善，并进行全程监控以确保教学质量。

2.1.2 "双高"计划下专业群建设的问题表现

在产业学院建设背景下，就专业群外部逻辑而言，专业群的逻辑起点是区域产业需求，重点对接区域高端产业；就内部逻辑而言，专业群组件不是基于学院原有专业进行直接组合排列，而是依据产业链、岗位群的内在逻辑重新架构。逻辑的混乱会导致产业学院人才供给与区域经济发展需求错位，形成区域供给结构性失衡，难以实现高质量就业，同时各个专业之间缺乏联结，很难发挥专业群的整体融合优势，导致难以实现对复合型人才培养的预期效果。近几年来，在"双高"计划下，专业群建设存在如下问题。

1. 对专业群组群逻辑认识不够清晰

理清组群逻辑是专业群建设面临的首要任务，也是专业群实现高水平发展的坚实基础。①

专业群建设不同于传统专业建设模式，"双高"计划背景下针对专业群建设的理论更加系统化，专业群在建设之初就要经历完善的合理性论证，核心在于理顺专业群构建的逻辑理路。在专业群前期规划阶段，学校缺乏对区域产业的长期深入调研，同时政府、企业、高职院校之间的产业发展人才需求信息、技术需求信息流通不畅，因此主要根据办学经验及个别相关行业、企业专家的指导论证来确定专业群专业，对区域产业的整体发展、区域产业人才需求把握不清，导致专业群对接岗位过多。同时，专业群建设思维囿于学校现有专业基础，因此需要开拓视野，从产业需求层面逐步理顺专业结构逻辑，调整专业结构。

2. 供给侧与需求侧协同错位，专业群资源整合不够集中

专业群建设是以对接产业链或职业岗位群为目标取向的，加强对劳动力市场需求、产业发展趋势、专业群建设基础等方面的综合评估至关重要。现实问题是部分高职院校专业群建设为建而建，仓促上马，简单拼盘，忽视内涵建设；地方教育行政部门曲解或者迎合专业群建设相关政策，对专业群建设基础和人才市场需求的研究不够深入。此外，高职院校更多的是从整合校内资源出发构建专业群，忽视区域产业优势与自身办学条件的相关性，缺乏区域范围内整合办学资源的视野和顶层设计。部分高职院校为建而建，或仅仅选择低成本专业组建专业群，无视区域支柱型产业发展需求，专业群建设仅仅是"穿新鞋走老路"，甚至成了改革的"幌子"。②

从理想状态而言，专业集群旨在以一个或多个办学实力强、人才培养质量和就业质量高的重点专业为主导，辐射带动其他相关专业的发展。专业群内各专业面向共同的行业背景和技术领域，服务于同一产业链的不同环节或同一岗位群，专业之间资源可实现集成共享，达成人才培养目标和资源利用

---

① 梁裕，蒋贻杰，韦大宇. "双高计划"高职院校高水平发展面临的问题及路径选择［J］. 教育与职业，2023，144（20）：61-66.

② 徐兰，王凯风. 高水平专业群适应性发展的内涵意蕴、掣肘因素与实践模式［J］. 职业技术教育，2022，43（4）：39-45.

效率最大化。但在实际运行过程中，群内各专业仍然处于松散组合的状态，专业群建设缺乏整体性与系统性设计，教学资源统筹利用率不高，教学效率和教学质量与预设目标仍有相当大差距。究其原因，一是我国专业群建设实践经验不足，缺乏对专业群内涵、培养目标和组建逻辑的深刻认识，将专业群等同于专业大类的现象普遍存在；二是专业群建设趋向同质化，追求综合化，缺乏与行业企业及产业链的针对性联系；三是资源配置缺乏整体性设计，核心或龙头专业资源充沛，其他专业资源投入明显不足。

专业群建设是人才培养供给侧和产业需求侧结构要素全方位融合的重要载体。① 打造专业群，以专业群为依托打造技术技能人才培养高地，需要发挥专业群对资源的最大集聚效应。一方面，高水平专业群建设要解决因各专业内部相互关联而导致的专业群基层治理问题，实现专业群内部组织、管理、师资及教学资源的有效整合。专业群管理只有解决了内部结构组织问题，才能紧跟外部产业结构转型升级步伐，对接产业链的人才需求变化，精准根据产业需求培养技术技能人才，实现专业群与产业链的有效衔接。另一方面，专业群建设需要集聚更多外部资源，争取来自政府、行业、企业及科研机构等多方面的资源，形成利益相关者协同治理格局。因此，高职院校要整合更多优质外部资源，解决专业群建设急需的资金、人力、技术、科研等问题，培养更多适应社会发展的高素质技术技能人才。

3. 专业群与产业链对接不够紧密

随着人工智能、区块链、大数据等新一代信息技术在各行各业的广泛应用与推广，产业技术的密集度与关联程度越来越高，对高素质技术技能人才的需求也日渐迫切，高职院校需要以专业集群化的方式来推动高素质技术技能人才培养模式的改革，促进教育链与产业链的有效衔接，满足产业变革和技术创新的需要。

从专业群建设的过程来看，学校层面普遍缺乏专业群建设与产业界强联结的意识，更没有形成核心办学理念。② 职业院校所倡导的校企合作、工学

---

① 郑玥，瞿才新. 高职院校高水平专业群建设的现实困境与实施路径［J］. 教育与职业，2022（16）：51-55.

② 郑玥，瞿才新. 高职院校高水平专业群建设的现实困境与实施路径［J］. 教育与职业，2022（16）：51-55.

结合及产教融合等政策取向和办学理念，都意在强调高职教育与产业协同发展的重要性；产教融合强调多元主体参与是高职院校推进专业群系统开放办学的制度保障和体制机制创新。这就导致了专业群建设与产业链的割裂，主要表现在：一是群内专业之间的关联度不高，仅仅将相近专业进行简单的拼凑和组合，不能形成专业群的集聚效应，难以支撑区域重点产业发展和应对信息技术发展与产业转型升级对人才培养提出的挑战；二是群内专业特色不明显，未针对学生的职业特质差异和新业态下的新岗位需求，难以实现学生的个性化发展；三是专业群运行管理机制不完善，群内专业未共建共享，专业基础平台课程、实验实训设备或基地同质化明显，难以实现群内建设资源的集约化发展。

在专业群建设中，校企合作、工学结合更多地停留在办学理念、专业培养计划及浅层次的校企人员交流层面，远远没有具体落实到专业群建设实践中，产教融合更没有在人才培养体系中落地生根，课程内容和课程体系建设、师资队伍建设、实训基地建设缺乏产业元素的渗透。① 具体表现为，专业群课程体系构建缺乏企业的深度参与，课程内容与产业链、技术链需求相脱节，"双师型"教师队伍建设缺乏与企业双向联通，专业教师对产业人才需求缺乏深度认知；行业协会、高职院校与企业合作育人平台建设仅停留在学校层面，没有落实到院系及专业群实际操作层面，校企协同育人机制还缺乏足够的灵活性和政策支持。同时，专业群作为与传统专业迥异的建设路径，不仅缺乏成功实践经验的积累，而且配套政策体系以及评价体系建设相对滞后，部分高职院校对其认可度不高，主动作为意识淡薄，使得专业群建设缺乏主动适应产业发展的内在动力。

4．缺乏持续的监督与评估机制

2022年11月，教育部部长怀进鹏在深化新时代教育评价改革工作推进会上指出，党的二十大报告对深化教育领域综合改革、完善教育评价体系提出了新要求：一要以评价改革牵引育人方式改革；二要以评价改革牵引办学模式改革；三要以评价改革牵引管理体制改革；四要以评价改革牵引保障机制改革。

---

① 马廷奇，王俊飞．从专业到专业群：高职院校专业群建设的产业需求逻辑［J］．中国职业技术教育，2021（8）：11-15．

专业群建设过程中持续的监督与评估是专业群建设体系的重要环节，也是专业群建设质量的有效保障，专业群有别于传统的专业建设，以往对个别专业的评价模式与标准难以适用于对专业群建设的质量评价，因此专业群需要制定适应群发展模式的评价标准。同时在"双高"计划背景下，针对高水平专业群的建设成效需要有明确的衡量标准作为质量保障。

2.1.3 "双高"计划下专业群建设的组群逻辑

"双高"计划是推进我国现代高等职业教育高水平发展的重要战略举措，深刻把握我国高职院校专业群建设的基本逻辑，有利于引导高等职业教育专业建设实现由适应经济社会需求向赋能产业发展的转变，以更好地服务经济社会的发展。产业逻辑、岗位逻辑和学科逻辑共同组成了"双高"计划下学校专业群建设的内在逻辑，通过产业逻辑、岗位逻辑和学科逻辑组建专业群，有助于实现专业动态调整以驱动组群活力、适应产业需求以完善专业结构、统筹多重资源以发挥集群优势。专业群的组群逻辑反映群内专业的本质联系，揭示专业群组建的客观规律，基于专业群内部与外部的发展，专业群具有多重组群逻辑。但究其根本，专业群的组建在于衔接产业链、岗位链与知识链，实现内部人才培养与外部岗位需求的无缝对接，发挥专业群与产业集群的"群聚效应"，彰显专业群建设的应有诉求。

1. 基于产业链组建专业群

随着经济结构调整、产业转型升级以及人工智能等新技术的发展，人才需求结构变得日益复杂，仅具备单个技能的人才越来越难以适应岗位需求。构建与产业链协同发展的专业群，能够将产业的新技术、新工艺、新要求及时融入专业群人才培养，促进产业需求与人才培养的衔接，有效提升人才培养的针对性及适应性。[1]

基于产业链组建专业群的组群逻辑，即围绕产业供需链与产业协作链，形成专业与产业、专业群与产业链的有效对应。[2] 首先，专业群与区域重点

---

[1] 姜洋，易烨. 高职院校专业群与产业群协同发展的角色互动模型及实践取向：以浙江机电职业技术学院为例 [J]. 职教通讯，2023（6）：38-43.

[2] 刘松林，赖韵臻，陈琳. 国际先进水平高职专业群的特征、要素与建设路径 [J]. 现代教育管理，2023（10）：216-218.

产业链要做到有效对接,以产业向产业集群的转变作为组建专业群的核心依据,融合群内相关专业,加强专业间的联接性,促进专业群与产业链的对接,推动专业群与产业集群的联动发展。其次,要依据产业链实现专业群内部各专业的多元组合,以"核心专业为依托,相关专业共发展"的原则对专业群内外各专业资源进行有效整合,在自身专业发展的同时带动若干相近专业的发展,发挥核心专业的统领与辐射作用,促进群内专业资源的互联共享。最后,要以职教集团作为专业群发展的合作平台,职教集团有效整合来自政府、行业协会、企业等的社会资源形成共生单元,能够有效反映专业群与市场、产业、岗位的需求,丰富专业群内部的专业建设,与共生单元内部各成员间形成多类型的合作模式,满足企业对各类人才的需求,使专业群汇集技术资源与人才资源,提高专业群满足产业链发展的需求(图2-2)。

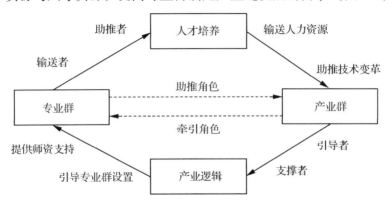

图 2-2 专业群与产业群互动模型

2. 基于岗位群组建专业群

"岗位群"即指由各职业岗位群体组合成的职业系统,或以某一岗位为中心,连同与其岗位性质相似的职业组成的岗位集合。基于岗位群组建专业群,即进一步明确专业群服务于特定职业岗位,以岗位人才需求为依据组建专业群。[①] 以苏州市新一代生物技术产业链为例,通过化工生物技术、药品生物技术、生物产品检验检疫技术、生物信息技术等相关专业组建生物信息技术产业专业群。以专业群对接岗位群需要为主构建与岗位群相适配的核心

---

① 胡宁,万军,庄德渊. 基于岗位能力的机电一体化专业实训链构[J]. 实验室研究与探索,2013,32(8):188-191.

专业，并以核心专业衔接群内各专业促进岗位技术取得进一步突破，专业群对接岗位群已成为构建专业群的原则之一。明晰专业群对接岗位群需求的组群逻辑需要厘清以下两点。一是专业群需要精准对接区域岗位群。职业院校需要精准施策，依托岗位培养人才，即结合企业岗位需求，设置人才培养标准，进而指导人才培养工作，由传统的单一岗位能力培养转向复合型岗位能力培养，实现专业群与岗位群的精准对接，破除传统的核心岗位与边缘岗位之说，确定专业与岗位的紧密联系。二是以岗位为需求动态调整专业群的课程内容与结构。群内课程体系体现不同岗位的需求，应合理调整专业公共课、基础课、实训课等的内容。专业群组建的岗位逻辑除了在育人层面需要与企业岗位紧密对接外，企业岗位的管理、技术升级、生产调整等各方面都要与专业群保持紧密的联系，专业群契合岗位需求的动态调整亦可推动企业岗位管理、技术更新等要素的升级调整。

3. 基于学科逻辑组建专业群

学科是构成知识的原理，而知识的专业化则是构成其他一切知识的基石。随着学科制度在历史时空的不断演变，现行学科分类逐渐细化，学科界线分明在一定程度上弱化了学科间知识的融合，形成了学科间的"知识壁垒"。在"双高"计划背景下，以学科群组建专业群的多学科知识组群逻辑可聚集不同学科，发挥学科间知识共享功能，鼓励学科交叉实现群组知识的衔接与创造。关于学科群该如何组建以契合专业群的发展，有学者指出，可以某一共同领域的学科为中心，聚集一定数量的相关学科，组建适应科技发展、社会进步及国家需要的学科群体。依据此观点，以学科群组建专业群，聚焦某一专业领域并关注学科群与外界的联系，这属于学科群组建专业群的外部逻辑。而反观学科群内部的知识联系，学科交叉、知识融合、知识创造等属于学科群组建专业群的内部逻辑，学科群的内部逻辑在于产生新的知识，其中以学科知识为基础，以外部需求为依据，打破学科知识的壁垒，遵循学科知识发展的逻辑与规律，寻求学科内部的价值秩序。在专业群建设中，学科群的功能在于汇集知识资源，学科群与专业群联接关系密切、协同程度高、交叉复合与融合协作的知识体系是专业群紧密对接产业链、职业群的内外部逻辑要求。

2.2 适应区域数字化转型，推动专业群融合发展

近年来，随着以人工智能、大数据、云计算、区块链等为代表的数字技术向实体经济的不断渗透①，实体经济数字化的步伐加快，不少职业岗位群和核心岗位技能发生了重大变化。为进一步适应实体经济的数字化转型，2019年4月，教育部、财政部联合印发实施"双高"计划，旨在聚焦高端产业和产业高端，发展数字经济催生的新兴专业，重点支持一批优质职业院校建设高水平专业群，促进区域产业转型升级。2023年，中共中央、国务院印发《数字中国建设整体布局规划》，要求大力培养"数字工匠"，加快形成我国数字化高技能人才的比较优势，为建设数字中国提供强有力的人才支撑。

高水平专业群是推动区域经济数字化转型的重要力量，作为链接产业需求与人才培养的重要载体，其适应性发展的内涵在于为区域经济的发展提供符合岗位需求的数字化技能型人才和数字化关键技术积累，从而使高职院校培养的数字化人才与企业数字化转型升级的岗位需求相吻合。因此，如何围绕产业数字化转型调整专业群布局，升级改造传统专业群以适应数字化转型背景下对复合型人才的需求，成为地方高职院校亟待解决的问题。

2.2.1 高水平专业群适应性发展的价值内涵

1. 高水平专业群设置适应区域重点产业布局

高水平专业群打破了原有专业的排列组合，将不同专业置于同一产业发展链条上，无论是基于学科逻辑、产业逻辑还是基于资源逻辑组建，其实质都是为区域产业的发展提供紧缺的技能型人才，肩负着增强关键技术的创新能力，为区域经济转型升级和可持续发展提供源源不断的智力资源的重任。一方面，高水平专业群的组建适应区域重点产业布局。通过聚焦区域功能定位，找准主攻方向，调研重点产业的空间布局、产业链分布，基于职业岗位

---

① 孙冰. 知识密集型服务贸易逆势增长已撑起"半边天"服务贸易新机遇：数智化"中国服务"正崛起［J］. 中国经济周刊，2022（17）：22-25.

群关联挖掘共有的学科基础和技术基础等，使群内专业对接区域重点产业。另一方面，高水平专业群的人才培养目标适应产业岗位群的技能需求。作为面向区域数字化转型人才培养的重要载体，满足产业需求是高水平专业群组建的立足点，必须结合区域产业数字化转型的侧重点，确定专业群的定位和人才培养目标。专业群设置适应区域重点产业布局，是高水平专业群建设的起点，也是高水平专业群适应性发展的重要抓手。①

2. 高水平专业群建设适应区域产业技术变革

技术变革是现代产业变革的核心推动力，高职院校通过高水平专业群建设，推动人才培养模式变革，优化技能型人才的培养结构，使其适应产业技术变革的需求。伴随着人工智能、大数据、区块链等数字技术与实体经济的深度融合，技术变革促进了企业生产模式数字化、生产过程智能化、系统服务集成化，实现了制造流程与生产资源的数字化管理，导致各个企业之间的联系越来越紧密，通过跨企业业务流程体系构建，形成了一个资源整合和业务协同的有机整体。高水平专业群建设必须适应技术变革所带来的新模式、新业态和新服务，主动适应区域经济社会发展。例如，金融大数据专业群聚焦金融机构场景需求，依托大数据分析和通用大模型的技术能力，对通用大模型进行细分场景调优，推动金融服务的全面智能化，加快推动数字技术突破和应用示范。

3. 专业群调整适应区域产业发展水平

高水平专业群是基于所服务的区域产业群、不同职业岗位群相互关联而构成的统一人才培养新载体。② 产业是专业群建设的外驱力，专业群要想获得持续的发展机遇，需要伴随着产业的发展持续优化升级和改造，灵活调整群内专业组成，拓展相近或新兴专业，自我完善专业群建设发展机制。另外，还要进一步调研未来产业变革和技术发展趋势，调整人才培养定位，更新教学内容，持续推动专业群高质量发展，进一步引导高水平专业群服务和对接产业发展，引领产业经济转型升级。

---

① 徐兰，王凯风. 高水平专业群适应性发展的内涵意蕴、掣肘因素与实践模式 [J]. 职业技术教育. 2022，43（4）：39-45.

② 周香，闫文平."双高计划"实施背景下高职专业群与产业群的协同机理、价值及路径分析 [J]. 实验技术与管理，2022，39（2）：216-221.

2.2.2 高水平专业群适应性发展的现实困境

1. 专业群结构与区域重点产业数字化布局错位

专业群是高职院校适应区域经济发展、助推区域产业转型的重要手段，专业群设置与区域产业结构具有正向关系。① 在国家数字经济升级转型、追求高质量发展的进程中，多数职业院校还停留在传统的专业群建设逻辑上，而对新型的数字经济领域的相关产业缺乏关注和研究。主要表现在两个方面。第一，专业群设置与区域产业结构脱钩。区域经济产业在数字技术的加持下迅速转型升级，专业群设置未与区域发展规划和行业发展规划相匹配，未能与区域重点产业相匹配，特别是区域重点发展的战略性新兴产业。第二，专业群调整滞后于市场需求。数字经济高质量发展，产业转型升级加速，都迫切需要各类新型人才，专业群建设必须有敢破敢立的勇气，重新规划专业布局，开发一批贴近企业需求的数字化岗位。然而，目前大多数高职院校前瞻性不足、市场意识缺乏、专业群动态调整机制不健全，对战略性新产业的支持力度偏弱。

一方面，专业群结构与区域重点产业数字化布局错位，可能造成重点支持产业缺乏数字化人才支撑和技术积累，使区域产业数字化转型升级步伐放慢，甚至停滞；另一方面，高职院校培养的人才无法满足企业需求，导致大量毕业生无法找到合适的工作岗位，使市场出现人才的结构化过剩。

2. 专业群人才培养难以满足企业数字化转型

提升高水平专业群建设的适应性，归根到底在于培养符合数字化岗位要求的技术技能型人才。数字化转型升级下企业的管理模式呈现出扁平化的特点，对技术技能人才的需求也出现了多样性和复合型，现有的专业群建设思路难以满足企业数字化转型的需求。另外，高职院校人才培养与数字化产业人才需求存在脱节，专业群数字化建设需要先进的技术支持，包括数字化教学资源、信息系统和软硬件设备等，很多职业院校存在投入不足、技术水平不高等问题，使专业群数字化建设难以快速推进，导致企业在人才需求方面存在短板，无法满足数字化转型的需求。

---

① 胡计虎. "双高"专业群建设与区域产业转型升级的融合发展[J]. 教育与职业，2020（13）：51-56.

3. 专业群数字化改造缺乏资源与平台的支撑

传统的教学模式以教师为中心，以课堂教授为主，随着数字科技的不断发展，学习对于知识获取方式和学习体验的要求越来越高。高职院校在专业数字化改造的过程中需要引入更多的数字化课程资源，以满足学生的多样化需求。此外，缺少相关的平台核心技术支持是制约专业数字化升级的重要原因，专业数字化改造通常需要使用各种软件与工具来支持教学和管理工作流程。如果学校没有相应的投资和支持，教师往往无法充分利用数字化的资源优势，从而影响数字化人才的产出。

2.2.3 高水平专业群适应性发展的实践路径

1. 围绕产业链调整专业群布局，服务区域产业数字化发展

高职院校要树立"把专业群建在产业链上"的意识①，坚持"对接产业需求，服务产业发展"的专业群组建原则，加深与区域重点产业和专业群的内在联系，推动区域经济与社会发展。但不同地区的经济发展水平和资源禀赋不同，数字产业基础、技术创新能力也不尽相同，这在很大程度上决定了其对技术的依赖程度千差万别。② 因此高水平专业群建设应围绕产业链调整专业群布局，适应区域经济结构和产业技术的发展水平。

第一，专业群设置适应区域产业经济结构。产业群设置与区域经济结构吻合是实现区域技术积累和提供人才支撑的重要保障，各地区根据自身的资源优势及国家的战略布局，形成了不同的产业结构，对人才规格、人才培养层次等有不同的要求。因此高职院校在组建专业群时，应深入调研和分析该专业群所对应的数字化产业链所处的发展水平，以及同一产业链内各个企业的岗位分布情况，选择的相关专业应与岗位群具有高度的相关性，以核心专业为组群引领，明确群内不同专业的分工，优化专业群结构，服务区域产业数字化发展。

第二，专业群调整适应区域经济发展水平。在数字化转型背景下，产业

---

① 黄慧婷. 数字化转型背景下高职数字素养与技能课程的现状及实施路径 [J]. 教育与职业. 2024, 154 (6)：38-45.

② 徐兰，麦强. 数字化转型背景下高水平专业群适应性发展的现实困境与优化路径 [J]. 成人教育. 2022, 42 (11)：54-59.

各类技术更新迭代加速，新岗位层出不穷①，构成专业群的几个专业并非一成不变，而是伴随着数字化发展阶段持续优化升级，要健全对接产业、动态调整、自我完善的专业群建设发展机制。一方面，某些岗位的功能已经退化或被替代，这些岗位所对应的专业可以通过筛选机制弱化甚至退出专业群；另一方面，在数字化转型升级过程中出现的新技术、新岗位与新专业可以通过动态调整机制，对专业群中专业的数量进行增补。

2. 围绕岗位群优化人才培养模式，培养数字化岗位技能人才

清晰的人才培养目标是制定专业群人才培养方案的主要依据，人才培养目标不明确，定位模糊，必然导致人才培养方案缺乏针对性。高水平专业群内的专业技术领域或学科专业知识相近，反映在课程体系上则表现为不同专业之间拥有一部分共同理论、共同技术技能基础，因此要围绕群内各专业技术的共性发展要求，重组优质课程资源，构建共享开放的专业群模块课程体系。

第一，围绕数字产业链岗位需求，优化人才培养体系。基于企业调研，分析产业链和岗位群的相关性，围绕岗位群的知识、技能和素质需求设定人才培养目标，形成与数字化转型岗位群相匹配的高水平专业群课程体系，提升专业群人才培养质量。然而数字化背景下的工作场景、工作流程发生变化，导致在高水平专业群建设过程中，以知识传输和技能传授为主的课程体系不能适应对数字化岗位技能人才的培养需求。

第二，解构工作体系，重构课程体系。高水平专业群建设的核心任务就是以群为依托，重构课程体系。在数字经济的助推下，新模式、新业态与新场景层出不穷，彻底打破了传统专业遵循的教育模式②，要求课程体系的设置必须适应数字经济的快速变化，将数字产业的新技术、新工艺与新规范融入课程体系。在课程目标上围绕实现职业训练的完整性，关注学生核心素养，逐步形成个人终身发展与产业数字化相匹配的品格和关键能力；在课程内容上凸显数字化素养与能力，根据数字化生产情景重组教学内容，构建模

---

① 章安平，梁帅，米高磊. 高职院校高水平专业群建设的内在逻辑、现实问题与实践路径［J］. 职业技术教育. 2022，43（29）：23-29.

② 周桂瑾. 高职院校专业群建设模式的研究与实践［J］. 职业技术教育. 2017，38（29）：24-27.

块化教学体系；在课程结构上关注跨界与集群，将不同的技术技能进行融合，使学生形成跨专业、跨学科的知识体系和知识结构，形成新的思维能力和行为方式。

3. 围绕技术链强化数字资源建设，打造数字资源共享平台

数字化学习为传统教育注入活力，打破了时间和空间的限制，以其丰富的内容、便捷的获取方式和个性化的学习体验受到越来越多人的欢迎。加强数字化资源库建设、创建数字化仿真环境、实现教学内容与技术链衔接，是高职院校培养数字化人才的重要手段。

第一，强化数字化资源建设，搭建资源共享平台。建设高水平专业群，高职院校应积极引入人工智能、大数据、区块链等高新技术，助力智慧校园建设和专业群数字化改造，促进现代高新技术在专业群建设中的深度应用。一方面，高职院校要以人才、资源、技术为着力点，整合与开发专业群优质教学资源，有效对接职业标准和生产过程，及时将新技术、新工艺、新规范纳入教学内容，实现数字化教学资源全覆盖，积极推进信息技术与课程建设的深度融合，建设丰富的多元数字化教学资源库、技能培训资源库、"1 + X"证书考试题目库等。另一方面，高职院校要构建线上线下同步、立体化、数字化资源共享平台。

第二，创建数字化仿真环境，提升实践教学效果。虚拟仿真是利用计算机技术和仿真技术构建的一种数字化教育形式。① 它通过虚拟现实将实验场景呈现在学生面前，让学生在虚拟环境中进行实验，达到实验效果。它不仅能够方便地展示实验过程和实验结果，还能够提供多种情景模拟，让学生体验不同的实验环境和变化，提升实践教学效果。搭建虚拟仿真实训系统，并提供配套的实训操作硬件、终端显示设备安装方案，打造以虚助实、虚实结合的教学环境，助力各职业院校建设满足实训教学需求的虚拟仿真实训教学场所。

---

① 孙思玉，陈瀛. 数字化赋能职业教育高质量发展的实践与创新：职业教育数字化转型发展论坛综述 [J]. 中国职业技术教育，2022（28）：46 - 53.

2.3 完善专业群动态评估，监控建设质量

专业群建设要取得预期效果，需要其质保体系十分健全，具体体现在路径清晰、目标明确方面。专业群建设的总负责即学校质量监督委员会应组织各级责任主体，依靠和借鉴全面质量管理、目标管理、知识管理等理论，以专业群建设质量考核性诊断为抓手，以目标、标准与制度体系建设为基础，以专业群数据平台建设为支撑，建设具有较强预警功能和激励作用的内部质量保证体系，以实现学校专业群内部管理水平和人才培养质量的持续提升。

专业群建设是一项长期质量工程，其内部质量保证体系必须能使上下合力、左右联动，形成内外结合的全方位、多元化质量保证机制，实现以自律为主要特征的专业群工程建设。要以专业群建设目标为依据，确立目标任务和标准，完善"质量计划、质量控制和质量提升"管理与运行流程，保障内部质量保证体系运行。

2.3.1 健全专业群质保体系

1. 健全组织机构，明确职能分工

由于专业群建设是一项长期质量工程，学校要建立相配套的专业群建设质量保证委员会，下设质量管理办公室，负责内部质量保证体系整体设计与相应的考核诊断改进。其组织架构主要体现在：学校党委高度重视专业群建设，校长强力指挥专业群质量保证委员会正常运转，其目的是全面协调教学行政职能部门，确保专业群建设质量不断提升。

2. 建立专业群教学单位质量生成核心

专业群建设质量保证委员会负责制定学校专业群层面的质量保证政策，以考核专业群教学与相关行政各部门工作的绩效和质量；专业群建设质量管理办公室负责执行专业群各项质量监控、建立与运行考核性诊断改进制度等工作。具体负责组织本单位的专业群质量保证及诊改工作，分析、统筹专业群建设方案及专业群培养高素质技能型人才的具体目标、课程体系、课程标准、教案等。专业群相关专业教学团队负责专业质量的自我诊改工作，编制

专业建设目标方案、专业教学标准、课程体系，统筹课程标准编制。专业教学团队深入进行人才市场用工需求调研、学生综合素质分析、专业对口就业情况分析，参考毕业生跟踪调研就业数据及用人单位满意度数据，主动开展自我诊改，撰写专业群建设与教学诊改报告，向上级质量管理组织汇报诊改工作进度和成效。

2.3.2 完善专业群规划

完善专业群近期发展规划和长期计划，形成专业群建设的阶段性目标体系。在现有的专业群基础上，通过专业优劣势和机会与挑战分析专业群建设中现有硬件和软件条件、取得的阶段性成果，编制专业群建设的专业、课程、质量管理等目标规划，形成完整的专业群纵向规划和专业之间、课程之间横向规划的目标链。

专业群建设规划用来规范专业群建设质量，需要不断修正专业群建设目标，确保按期高质量达标。

2.3.3 完善专业群质量标准体系

1. 建立毕业生就业、升学、就业状况诊断标准

对毕业生的就业、升学、就业状况等进行评价，分析反馈毕业生职业发展现状、专业（群）人才培养质量和区域产业贡献度，以及对专业（群）教学质量和学校管理工作的评价，为专业（群）人才培养模式创新、课程教学资源建设、教师教学队伍培养、学校管理工作推进及其他教学实施保障提供数据支撑（表2-1）。

表2-1　就业、升学、就业状况诊断标准

序号	一级指标	指标说明	二级指标	指标界定
1	毕业生职业发展去向	与职业发展环境相对接，是人才培养的短期指标，反映了一个专业应届毕业生离校时的就业、升学和创业比例	离校就业率	应届毕业生离校已就业的人数占毕业生总人数的比例
2			就业率	毕业一年后就业在岗人数占毕业生总人数的比例
3			升学率	直接升入各类高一级学校的毕业生数占毕业生总人数的比例
4			创业率	自主创业的毕业生占毕业生总人数的比例

续表

序号	一级指标	指标说明	二级指标	指标界定
5	毕业生职业发展质量	与职业发展环节相对应，是人才培养的长期指标，反映毕业生毕业1~2年的职业发展现状，包括毕业、升学和创业现状，了解毕业生的发展质量，进而分析专业培养目标	就业发布	毕业生的就业岗位类别和成绩，行业分布比例、中小企业就业比例、本地就业率、就业城市
6			离职率	毕业生更换工作岗位的人数占毕业生总人数的比例
7			工资水平	毕业生的月收入，含工资、各类保险、年终奖、各种补贴
8			社保水平	毕业生五险一金等社会保险健全情况
9			就业满意度	毕业生对当前工作岗位的满意程度
10			专业相关度	毕业生就业岗位与所学专业的相关性
11		升学质量	升学路径	了解毕业生升学路径选择
12			专业相关度	毕业后升至高一级学校的专业与所学专业的相关性
13		创业质量	创业类别	了解毕业生创业的项目类别
14			创业相关度	毕业生创业项目类型与所学专业的相关性

2. 完善教师教学水平和发展质量评价

依据高职教育主要服务地方经济的原则，建议根据地区人才市场需求确定专业方向的培养目标，通过专业群教学优势联合培养毕业生的综合就业能力，经过长期教学实践，不断完善课程质量体系标准。主导建立专业群文件编制标准、专业群建设标准和专业群质量诊断标准。专业教学单位通过调研建立专业群建设方案和教学标准，包括各专业群编制专业方向及教学标准，充实专业群教学文件；课程体系建设方案和课程标准建设，包括编制各门课程标准，完善课程教学文件；自我诊改，教学单位按照专业群建设方案进行考核性诊断，对照一系列标准自我改进。

对教师教学水平、教师社会服务水平、课程教学支持、教师发展支持等进行分析和评价，考察教师各项教科研能力和社会服务能力，分析学校为教师提供课程教学资源和对教师发展成长的支持力度，为学校制订师资培训计划、师资发展支持策略提供数据支撑（表2-2）。

表2-2 教师教学水平与发展质量评价指标

序号	一级指标	指标说明	二级指标	指标界定
1	教师教学水平	考察教师各项能力胜任情况、分析各类教师的关键能力改进方向，为学校制订师资培训计划提供数据支持	教学能力自评	教师对个人教学能力的评价
2			专业实践能力自评	教师对个人专业实践能力的评价
3			科研能力自评	教师对个人科研能力的评价
4			学生管理能力自评	
5			参与教材开发比例及能力自评	教师对个人教材开发能力的评价
6			参与教学质量评价反馈的及时性	教师教学质量反馈的及时性评价
7	教师社会服务水平	考察教师各项社会服务能力的胜任情况，分析学校社会服务水平存在的不足，为学校制订社会服务培训计划提供数据支持	为中小企业提供科研技术服务的比例	为中小微企业提供科研技术服务的教师占全体教师的比例
8			参与产业科技平台创新的比例	参与产业科技平台创新的教师占全体教师的比例
9			提供社会培训的比例	开展社会培训的教师占全体教师的比例
10			提供社会服务所创造的经济价值	参与中小微企业服务的教师占全体教师的比例

3. 企业用人需求和培养质量评价

通过对用人单位特征、毕业生就业情况和用人需求、学校人才培养质量等进行分析与评价，分析毕业生能力与企业岗位要求的匹配度，了解企业对毕业生的最新需求情况，以及对学校的建设、师资培养、校企合作等工作的满意度评价，为开展学校教育教学改革指明方向（表2-3）。

表 2-3　企业用人需求和质量评价体系

序号	一级指标	指标说明	二级指标	指标界定
1	用人单位特征	对用人单位类型和规模、主要行业领域和毕业生留存情况进行调研，了解用人单位特点	单位所在地	用人单位所在省，进而分析本地就业分布
2			单位性质	用人单位的性质分布情况，包括国有企业、私有企业和外资企业
3			单位所属行业领域	用人单位多数的行业领域分布
4			录用毕业生规模	用人单位招收本专业群毕业生的人数分布
5			毕业生任职岗位	用人单位招收本专业群毕业生的岗位分布
6			毕业生留存率	用人单位招收本专业群毕业生的留存情况
7	毕业生就业评价和用人单位需求	对用人单位和毕业生素质、知识、技能的匹配度的评价；对毕业生职业发展能力的评价；改进人才培养过程和完善专业教学工作	对毕业生工作表现的整体满意度	用人单位对毕业生的整体满意情况
8			继续招收毕业生的意愿和原因	用人单位继续招收毕业生的意愿
9			毕业生与岗位的匹配度及用人单位对其的满意程度	毕业生与用人单位的岗位匹配度及用人单位对毕业生的满意程度
10			毕业生学历与岗位的匹配度，用人单位满意程度	用人单位对学历的满意程度及毕业生学历与岗位的匹配度

2.4 案例分享：赋能区域金融产业数字化转型，建设金融大数据专业群

苏州工业园区服务外包职业学院（以下简称"苏州外包"）金融大数据专业群建设从"零"突破，高效推动创新创业工作，获得了诸多佳绩：全国职业技能大赛大数据赛项竞赛一等奖两项；"挑战杯"江苏省大学生课外学术科技作品竞赛特等奖一项、一等奖一项、二等奖一项、三等奖一项。这得益于苏州外包"七年磨一剑"，以江苏省"双高"专业群——金融大数据专业群建设项目为实践载体，校企共建产业学院，创新探索"双元嵌入、三链对接、四能递进"的人才培养模式。专业群以分层递进的专业群课程体系为核心，以"课赛研创"四层递进式培育体系为重点，培养具有创新创业意识、职业精神与职业能力的现代工匠，形成校企双主体、深融合的产业学院育人新格局。

2.4.1 立足产业链，组建专业群

随着大数据、云计算、区块链、人工智能等高新技术的进一步发展，金融科技逐渐取代互联网金融成为金融与科技结合的新典范。在充分发挥金融机构金融资源配置作用的前提下，专业群的组建旨在为苏州工业园区产业链上、中、下游各型企业提供全方位的人才支持体系，促使金融机构深耕实体经济，优化产业链资金配置，提升产业链的效率和竞争力，促进产业转型升级，推动实体经济发展。

1. 专业群对接产业链

2020年12月以来，苏州外包、思必驰科技股份有限公司、苏州核数聚信息科技有限公司、万合机器装备（苏州）有限公司四方联合共建"SISO-思必驰大数据产业学院"。紧紧围绕《苏州市大数据产业发展规划（2016—2020年）》和《苏州市金融业发展"十四五"规划》的发展要求，聚焦金融大数据产业，建立起符合金融大数据产业需要的全新的专业课程体系，课程体系的改革与调整使课程目标和专业培养目标紧密衔接。以职业岗位需求为

导向，明确政、校、行、企在人才培养过程中"职责共担"，在实施过程中坚持将人才培养目标融入产业、行业、企业的导向，在教学实施过程中进行虚拟项目、真实项目、企业项目实践，培养学生的认知技能、岗位技能、创新技能，实现课程标准与产业技能链对接，教学过程与生产过程对接、专业建设与产业需求对接、人才供给与岗位需求对接，探索产业学院推进专业群融合人才培养的新机制。

专业群与产业链对接的指导思想从4个方面入手。第一，驱动软件及服务产品持续迭代，不断满足市场的新需求。第二，实践金融、政企、农业等多行业的数据与场景融合，创新金融服务，打造产业融合的新生态。第三，助力金融机构安全、合规地推进基础架构的升级。第四，通过大数据、人工智能、区块链、云计算等新兴技术打造"金融科技"新理念。（图2-3）

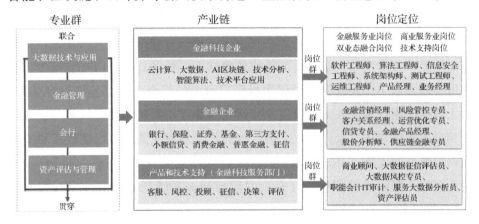

图2-3 专业群与产业链的对接映射关系示意图

专业群定位立足苏州工业园区金融科技的发展，培养面向金融服务业和商务服务业，从事金融科技相关产品设计、运营、开发或管理的高素质、复合型创新人才。具体目标包括：掌握金融、商业的基本流程和方法；具备一定的编程与数据分析基础；了解金融机构与商业企业的产品、运营、市场等一般性业务实操细节；了解云计算、大数据、人工智能、区块链等基础知识和应用；了解大数据风控、大数据营销、区块链应用、智能投顾应用的最新技术；掌握开放银行、保险科技、监管科技、区块链各场景的最新应用前沿。

2．专业群内专业逻辑性

专业群按"技能基础相通、拓展领域共融、职业岗位相关、教学资源共享"的原则组建。专业群内专业逻辑性如图2-4所示。

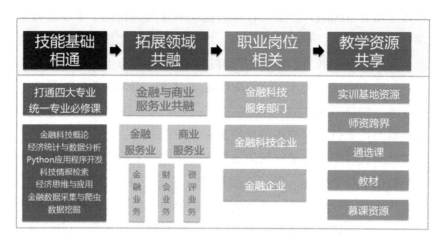

图 2-4　大数据技术与应用专业群内专业逻辑性示意图

（1）技能基础相通。专业群内四大专业统一专业必修课，以金融科技相应岗位需求为出发点，融入金融科技基础知识、数据处理分析技能培养、经济思维能力运用、大数据应用程序操作等全方位综合专业必修课设计体系，将大数据应用技术融入金融服务业与商业服务业，实现大数据技术与应用专业和金融管理专业、会计专业、资产评估与管理专业的融合，实现工科专业与财经专业的优势互补，为培养高素质的科技金融人才、打造"金融科技"专业群打下坚实的技能根基。通过大数据相关基础技术为财经类三大专业（金融管理专业、会计专业、资产评估与管理专业）注入从事金融科技岗位相关基础数据应用分析的技能，更好地提升人才培养质量，提高科技金融服务的精度与广度。

（2）拓展领域共融。金融与会计、资产评估的职业活动内在关联，互为支撑，岗位相互融合，业务交叉，专业群围绕企业内部和外部资金管理这条主线，紧扣信用和价值管理核心主题，服务金融服务业和商务服务业两大知识密集型生产性服务业。金融管理专业学生所从事的金融业务不仅仅局限于金融服务业，其触角已深入商业服务业，因此金融管理专业学生若具备相应会计能力，就能支持其从前台客服转入后台管理。而会计与资产评估专业所从事的商业服务业岗位与金融服务业也存在千丝万缕的联系，金融赋能会计与资产评估，支撑会计和资产评估与管理专业学生提升素质能力与管理层次。而会计和资产评估的结合也是相当紧密的，会计专业的资产确认、资产评估与处置是重要业务内容，而资产评估与管理专业学生的会计能力是处理相应资产评估业务的重要手段与职业素质。金融、会计与资产评估的融合和彼此支撑可提升毕业生的持续发展能力。在大数据技术的推进下，实现了专业群基于专业技能和职业能力的共通共融，不断发挥人才培养的协同效应，通过对不同专业方向的专业限选课与专业实践课进行拓展，精准对接金融服务业与商业服务业市场需求，并在人才培养中将两大服务业融会贯通，实现拓展领域的优势互补。

（3）职业岗位相关。专业群服务于园区三类企业（金融企业、金融科技服务部门与金融科技企业）构成的生态产业链，精准定位两大业态并提供相关多元性服务的人才培养与人才体系支撑，为两大产业相关企业数字化转型提供人力资源保障。涉及岗位包括智能会计、财务共享、IT审计、财务管理、资产评估、财务大数据分析、风险管理、金融产品设计、金融智能运营管理、智能客户服务、供应链金融专员、大数据征信评估、大数据风控专员等。专业群培养的人才可以具备岗位群中大部分岗位所需的技能，尤其是服务于金融企业与金融科技服务部门的人才需求。金融管理专业培养的人才可以从事IT审计、财务管理、资产评估工作，而会计与资产评估和管理专业培养的人才也能胜任银行证券保险等相关金融机构的任职要求。大数据技术与应用专业的学生也能具备一定的财经知识，侧重于金融科技企业的相关岗位。通过对职业岗位与产业链的考察，仔细梳理专业课程设置与结构方面的整体与细节性内容，专业群能够联系得更为紧密，更好地面向产业、服务产业。

2.4.2 课岗对接，教学内容与工程项目融合

苏州外包对接苏州工业园区产业调整变化，紧密联系跟踪行业企业，持续更新人才培养方案契合度报告，校企双方根据企业岗位工作提炼典型工作任务，确定典型职业能力，制定专业课程体系，做到课程内容与工作内容对接，专业核心课程与职业活动对接，根据科技创新与金融科技新岗位建立"大数据技术与应用"专业群"通用基础课程共享、业务岗位课程分立、创新发展课程融合"的模块化课程体系（图2-5）。

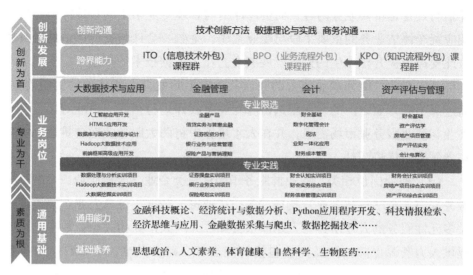

图 2-5 专业群课程体系设置

2.4.3 整合多方资源，发挥集群优势

产业学院办学的多元主体性包含了参与主体组织与人员的价值选择，其中，公益性和营利性两种不同的价值取向是产业学院特定价值属性的现实表达。产业学院中产教融合的推进并不是客观中立的行为方式，而是活动主体一定价值观念在现实中的体现。公益性行为是以谋求社会效应为目的的，一般涉及的范围较广、规模较大、受益面宽、服务期限长、影响比较深远。而非公益性（营利性）行为涉及的范围则相对较窄，规模、受益面、影响等都没有公益性行为大。作为现代职业教育体系新型组织形式的产业学院因主体的多元化必然导致其价值属性和行为属性较其他产教关系更加多元复杂。

整合多方资源有利于提升组织的竞争力。专业群建构并非仅仅是简单表面的物理捆绑式的专业集合，而是校企合作的结构化教学团队、高水平实践基地及优质教学资源等多方异质资源的集中，通过高效整合，既能避免资源浪费，还能够最大限度地形成资源合力。"双高"计划学校在打造专业群改革任务环节提出组建高水平、结构化教师教学创新团队，建设开放共享的专业群课程教学资源平台和实践教学基地，以国家级职业教育教师教学创新团队、"双师型"教师工作站、兼职教师流动站及全国高校黄大年式教师团队等为引领，以职教专家、产业导师、行业大师、专业带头人、企业技术骨干等组建的教师教学创新团队，有力地提升了教师队伍核心竞争力，发挥了教学团队在专业群建设中的共享优势。而且将新技术、新规范、新标准等行业企业资源有机融入专业群建设全链条，也满足了信息化时代背景下专业群共享先进卓越教学资源的新诉求。同时，依照全面性、还原性与开放性原则，构建综合性、共享性实训基地，着力覆盖群内多样化实践操作功能需求，统筹各个专业需要的仪器设施、实训设备与教学资源，为构建现代化产教融合实训基地，打造兼容并包、开放融通、多元共享的实训平台，最大限度发挥群内技术技能资源聚合效应提供了保证。（图2-6）

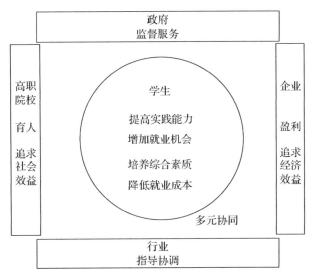

图 2-6　整合多方资源，发挥集群优势

2.4.4　凝聚多元主体，形成专业群

充分发挥政府、产业、学校等多维利益相关主体多元共治的作用。专业群自身作为相关专业的集合体，毋庸置疑属于一种共生系统，打破各相关利益者之间的封闭孤立状态，聚合"政行企校"等多方优势，推动"产学研用创"深度融合，突破信息不对称藩篱，激发各行为主体的积极性，有利于建设多元开放、优势互补、高效联动的专业群。政府作为多个行动主体中的主导力量，须把控好法律法规、政策文件、资源配置等宏观调控功能，有效协调多方合作的关系，为专业群提质增效发挥关键引导作用。在产业渗透交叉重组和产业生命周期加速演化的时代语境下，产业作为资源开发、平台创

设的关键主体，应积极参与科研创新平台的构建，推动科研创新项目合作研制以及成果的推广与应用。同时，产业界应将及时捕捉到的市场需求变化信息及与科技生产相关的动态信息资源反馈给学校，为专业群创新发展提供资源支撑和参考。高职院校作为建构专业群的关键主体，须竭力找寻高水平专业技术技能人才与区域产业经济发展的铆合点，切实推进技术技能人才供给侧与产业需求侧的良性对接。社会机构、科研院所和用人单位等利益相关者同样须一体化地以专业群建设的实际需求为导向，充分发挥各自优势，为专业群高效建设注入动力，创构政、产、学协同开展专业群建设的新模式。

苏州外包的大数据专业群建设计划表如表2-4所示。

表2-4 苏州外包大数据专业群建设计划表

建设指标	具体内容	年度目标				
		2021年	2022年	2023年	2024年	2025年
1.人才培养模式创新	1.1构建"双元嵌入，能力递进，群链对接"人才培养模式	(1)召开专业群建设校企咨询研讨会，构建金融科技领域人才职业能力框架。(2)践行"三全"育人模式，专业课程全部融入德育要素。	(1)召开专业群建设校企咨询研讨会，改革创新人才培养模式。(2)重构课程体系，明确课程模块，修订核心课程标准。(3)在2门课程中实行"课程思政"示范改革。	(1)召开专业建设委员会会议，进一步完善课程体系，所有专业课程标准修订完成。(2)在3门课程中实行"课程思政"示范改革。	(1)召开专业建设委员会会议，总结"双元嵌入，能力递进，群链对接"人才培养模式的经验。(2)专业课程实现"课程思政"改革全覆盖。	召开专业建设委员会会议，多渠道推广建设成果，发挥示范引领作用。

续表

建设指标	具体内容	年度目标				
		2021年	2022年	2023年	2024年	2025年
1.人才培养模式创新	1.2 成立校企合作联盟，探索共建产业学院，开展现代学徒制试点并进行专业群推广	与招商银行、思必驰、用友、企查查、智慧芽等企业结成校企合作联盟，共建金融科技工程实践中心，全方位深入开展各类校企合作项目。	(1)探索建立思必驰等企业金融科技产业学院框架。(2)对接产业链中的云财务、票证金融、税务金融等业务，形成大数据技术与应用(金融科技)专业群的实践教学体系。	(1)着手建设金融科技产业学院。(2)在大数据技术与应用专业开展学徒制试点。	(1)继续完善建设金融科技产业学院。(2)在金融管理专业开展现代学徒制试点。	完善产业学院建设，总结校企合作模式与现代学徒制工作经验，向社会推广。
	1.3 探索实施"学历证书+职业技能等级证书"制度	开展院校间交流，与合作企业进行洽谈，分析专业群面对的岗位群及需要具备的职业技能。	(1)进一步对主流就业岗位典型工作任务进行调查分析。(2)明确"学历证书+职业技能等级证书"具体执行方案。	(1)拟定专业群所需职业技能等级证书。(2)专业群推行"1+X"证书制度。	(1)专业群全面实施"学历证书+职业技能等级证书"人才培养机制。(2)加强教师团队建设。(3)开展职业技能等级证书校外培训。	(1)完善"1+X"证书管理制度。(2)推进课证融通，提升证书获得率。(3)加强职业资格证书教学资源建设。

续表

建设指标	具体内容	年度目标				
		2021年	2022年	2023年	2024年	2025年
2.课程体系与教学资源	2.1 重构三层模块化课程体系	构建"通用基础课程共享、业务岗位课程分立、创新发展课程融合"的模块化课程体系，召开课程体系改革研讨会，形成课程体系实施方案。	(1)召开课程体系改革研讨会，完善课程体系改革方案。(2)共享师资、实训基地、课程资源，推进专业群基础通用课程建设。	(1)召开课程体系改革研讨会，完善课程体系改革方案。(2)统筹教学资源，推进各专业岗位业务核心专业课建设。	(1)召开课程体系改革研讨会，制定专业群各专业教学标准。(2)统筹教学资源，优化创新发展课程建设。	(1)组织开展行业企业调研，完善专业群课程体系。(2)多渠道推广课程建设成果，发挥引领示范作用。
	2.2 开发立体化教学资源	依托校企合作联盟，与合作企业开发完善适合本校实际的大数据技术与应用（金融科技）专业群内各专业职业教育的专业教学标准。	(1)与企业深度合作开发建设素材库，主要包括文本、演示文稿、图片、视频、动画等。(2)建设专业群基础通用平台课程，完成课程标准、教材、教学活动设计、试题库的建设。	(1)建设岗位业务核心课程，完成课程标准、教材、教学活动设计、实训项目、多媒体课件、试题库的建设。(2)完成建设大数据技术与应用（金融科技）专业群教学资源库软件平台。	(1)建设创新发展课程，完成课程标准、教材、教学活动设计、实训项目、多媒体课件、试题库的建设。(2)完成建设大数据技术与应用（金融科技）专业群教学资源库软件平台。	(1)整理汇集专业群各专业对应的职业领域不同行业、不同岗位的工作流程、业务规范、岗位描述等标准。(2)全面推广校企合作开发的教学资源，并对使用效果进行评价。

续表

建设指标	具体内容	年度目标				
		2021年	2022年	2023年	2024年	2025年
2. 课程体系与教学资源	2.3 建设虚拟仿真教学实验中心	完成金融科技实验中心的功能调研规划，初步确定实验中心的建设方案。	明确金融科技实验中心的建设规划方案，进行金融科技实验中心一期建设。	(1)完成金融科技实验中心一期建设，并进行二期建设。(2)建设财会金融基本技能与大数据分析运用能力实务训练平台。	(1)完成金融科技实验中心建设任务，制定并完善中心相关规章制度。(2)建设职业综合素质培养平台，进一步完善实务训练平台。	(1)金融科技实验室形成集"产、学、研、用"于一体的综合实训孵化基地。(2)完善实务训练平台与职业综合素质培养平台。
3. 教材建设与教法改革	3.1 开发立体活页式教材	诊断专业群课程教材特点，确定活页式教材适用范围，制定活页式教材建设规划。	(1)校企协同创新，共同完成活页式教材编写，应用于日常教学，收集使用的反馈信息。(2)开发2本立体活页式专业教材。	(1)修订完善活页式教材，根据教学内容特点，将教材编写与教学方法改革相融合，完成教学单元设计。(2)开发3本立体活页式专业教材。	(1)开发4本立体活页式专业教材。(2)争取立项国家"十四五"规划教材1本，编写省级规划或重点教材1~2本。	推广编写的国家级规划教材和省级规划重点教材，收集反馈信息，总结经验。

续表

建设指标	具体内容	年度目标				
		2021年	2022年	2023年	2024年	2025年
3.教材建设与教法改革	3.2 打造智慧学习环境	（1）形成智慧学习环境构建初步方案。（2）制订数字化教学资源建设计划。	（1）初步建设智慧学习环境,开展翻转课堂、混合式教学等教学模式改革。（2）建设2门精品在线开放课程。	（1）继续建设智慧学习环境,继续开展翻转课堂、混合式教学。（2）建设3门精品在线开放课程。	（1）建成智慧学习环境的教学云平台,混合式教学改革见成效,获省级教学能力大赛一等奖1项。（2）建设4门精品在线开放课程。	（1）总结完善智慧学习环境建设。（2）立项建设省级在线开放课程1~2门,争取立项国家在线开放课程1门。
4.教师教学创新团队建设	4.1 师德建设长效机制与教师培养培训体系建设	（1）优化师德建设长效机制,实施师德负面清单。（2）制定《学院师资队伍发展规划》。（2）初步形成骨干教师、市级优秀教师、省级教学名师的阶梯发展路径。	（1）推出教师校企轮训模块化清单。（2）选派1名骨干教师出国(境)培训。（3）选派1名教师到企业轮岗。	（1）开发"双师"认定标准。（2）选派1名骨干教师出国(境)培训。（3）选派1名教师到企业轮岗。	（1）教师培训人均不低于72学时。（2）选派1名骨干教师出国(境)培训。（3）选派1名教师到企业轮岗。	（1）教师培训人均不低于72学时。（2）选派1名骨干教师出国(境)培训。（3）选派1名教师到企业轮岗。

续表

建设指标	具体内容	年度目标				
		2021年	2022年	2023年	2024年	2025年
4.教师教学创新团队建设	4.2"金融科技智库"建设		(1)引进10名具备行业企业工作经验的技术能手。(2)培养2名胜任企业咨询和行业智库的校内骨干教师。	(1)引进10名具备行业企业工作经验的技术能手。(2)培养3名胜任企业咨询和行业智库的校内骨干教师。	(1)引进10名具备行业企业工作经验的技术能手。(2)培养4名胜任企业咨询和行业智库的校内骨干教师。	(1)引进10名具备行业企业工作经验的技术能手。(2)培养5名胜任企业咨询和行业智库的校内骨干教师。	(1)引进10名具备行业企业工作经验的技术能手。(2)培养5名胜任企业咨询和行业智库的校内骨干教师。
	4.3专业领军人才建设	(1)培养市级教学名师1名。(2)培养"青蓝工程"创业团队1个。	(1)培养校级教学名师1名。(2)培养"青蓝工程"骨干教师1名。	(1)培养苏州市优秀教师1名。(2)培养"333高层次人才"专业带头人1名。	(1)培养校级教学名师1名。(2)培养市级专业带头人1名。	(1)引进1名高水平专业带头人。(2)培养"青蓝工程"专业带头人1名。
	4.4技能大师、教学名师工作室建设	(1)新建技能大师工作室1个。(2)新建"大数据技术与应用"名师工作室。	(1)新建技能大师工作室1个。(2)继续建设"大数据技术与应用"名师工作室。	(1)继续建设技能大师工作室。(2)新增"科技数据分析"名师工作室。	(1)继续建设技能大师工作室。(2)新增"金融大数据分析"名师工作室。	(1)继续建设技能大师工作室。(2)继续建设名师工作室。

续表

建设指标	具体内容	年度目标				
		2021年	2022年	2023年	2024年	2025年
5.产教融合平台建设	5.1 校企联建产业学院，推动产教融合新形态发展	(1)成立"SISO-思必驰"产业学院。(2)建立产业学院章程和管理制度。	(1)继续建设"SISO-思必驰"产业学院。(2)规范产业学院运行考核机制。	(1)新建1家产业学院。(2)完善产业学院的运行考核机制。	(1)继续完善产业学院的建设。(2)形成产业二级学院管理体制机制。	完善产业二级学院管理体制机制。
	5.2 优化金融科技职业集团机制建设	(1)规范金融科技职业教育的运作机制。(2)优化会员成员单位，吸纳知名金融企业1~2家，吸纳高职院校1~2家。	(1)召开本年度理事会议。(2)吸纳知名金融企业1~2家，吸纳高职院校1~2家。	(1)进一步规划金融科技职教体制机制。(2)吸纳知名金融企业1~2家，吸纳高职院校1~2家。	(1)进一步规划金融科技职教体制机制。(2)吸纳知名金融企业1~2家，吸纳高职院校1~2家。	(1)召开本年度理事会议。(2)形成职业教育集团化办学的样板。
	5.3 共建产教融合实训基地	(1)共建2个产教融合实训基地。(2)建立实训基地管理、绩效评价指标体系。	(1)共建2个产教融合实训基地。(2)完善协同管理机制、多元化投入保障机制。	(1)共建2个产教融合实训基地。(2)探索实训基地自我造血机制。	(1)继续完善产教融合实训基地的建设。(2)探索实训基地企业化和市场化运行。	总结与评价产教融合实训基地的合作模式、运行绩效与运行管理经验。

续表

建设指标	具体内容	年度目标				
		2021年	2022年	2023年	2024年	2025年
5.产教融合平台建设	5.4 发挥"订单式"人才培养的多重效应，深化现代学徒制	（1）成立专业群咨询委员会4个。（2）对企业进行调研，开展"订单式"人才培养试点。	（1）共同制定专业群课程标准。（2）校企合作制定现代学徒制课程标准。	（1）派遣教师到合作企业挂职锻炼。（2）聘请企业专业技术人员开展讲座。	（1）总结"订单式"人才培养模式的经验。（2）共同开发10门课的课程标准。	提供金融科技类专业现代学徒制人才培养方案。
6.服务发展能力提升	6.1 发挥集群优势，构建"数据+应用+咨询"的金融科技服务平台	（1）调研高水平专业院校科技服务平台建设内容与经验。（2）制订构建金融科技技能服务平台初步方案与计划。	（1）进一步挖掘并收集企业业务需求，按照"一企一策"原则制定服务方案。（2）为20家以上企事业单位提供技术服务。	（1）收集企业对技术服务的评价与反馈，完善后续服务方案。（2）为20家以上企事业单位提供技术服务。	（1）主动挖掘和对接专业相关企业。（2）为25家以上企事业单位提供技术服务。	（1）为15家以上企事业单位提供技术服务。（2）梳理技术服务对象和内容，总结技术供给能力，提升经验。
	6.2 成立技术技能大师工作室，发挥"火车头"效应	（1）制定技术技能大师工作室建设方案。（2）明确大师工作室的建设内容与计划。	（1）制定技术技能大师工作室服务方案。（2）为2家以上企事业单位提供技术服务。	（1）收集企业评价与反馈信息，完善后续服务方案。	为3~5家企事业单位提供技术服务。	为3~5家企事业单位提供技术服务。

续表

建设指标	具体内容	年度目标				
		2021年	2022年	2023年	2024年	2025年
6.服务发展能力提升	6.3 校企协同创新与科技成果转化	(1)制定校企协同创新与成果转化方案。(2)明确校企协同创新实施内容与范围。	(1)校企联合申请专利2件、软著1件。(2)科技成果转化1件。	(1)校企联合申请专利2件、软著1~2件。(2)科技成果转化1~2件。	(1)校企联合申请专利3件、软著2~3件。(2)科技成果转化1~2件。	(1)校企联合申请专利3件、软著1~2件。(2)科技成果转化1~2件。
	6.4 开展各类职业技能培训	(1)制定职业技能培训总体规划与方案。(2)确定职业技能培训制度、环境、范围、对象。	(1)初步建成职业技能培训环境。(2)开发职业技能培训课程资源1套。	面向企业、退役军人、就业困难人员进行职业技能培训200人次。	面向企业、退役军人、就业困难人员进行职业技能培训400人次。	(1)面向企业、退役军人、就业困难人员进行职业技能培训300人次。(2)完善职业技能培训体系和课程资源。
	6.5 输出大数据技术与应用(金融科技)专业群教学标准和课程资源	(1)调研"一带一路"国家职业教育现状与特点。(2)制定"一带一路"院校援建方案与计划。	(1)开发"一带一路"国家职业院校金融科技专业教学标准1套。(2)开发"一带一路"国家职业院校金融科技课程教材1本。	(1)援助1个"一带一路"国家职业院校。(2)输出教学标准和课程材料。(3)收集教学反馈。	(1)援助1个"一带一路"国家职业院校。(2)输出教学标准和课程材料。(3)收集教学反馈。	完善专业教学标准与课程资源建设,为"一带一路"国家职业教育提供中国方案。

续表

建设指标	具体内容	年度目标				
		2021年	2022年	2023年	2024年	2025年
6.服务发展能力提升	6.6培养国际化高技能人才,助力企业"走出去"	(1)调研企业"走出去"对人才核心技能的需求。(2)制定助力企业"走出去"实施方案。	(1)建设1~2门国际金融科技相关双语课程资源。(2)开发国际金融科技培训包1个。(3)为"走出去"企业提供国际金融科技实务培训或讲座1次。	(1)开发国际金融科技培训包1个。(2)为"走出去"企业提供国际金融科技实务培训或讲座1次。	(1)开发国际金融科技培训包1个。(2)为"走出去"企业提供国际金融科技实务培训或讲座1~2次。	(1)完善双语课程资源。(2)为"走出去"企业提供国际金融科技实务培训或讲座1~2次。
7.建立健全管理体制和运行机制,确保建设任务高质量完成	7.1强化组织落实,建立组织保障体系	(1)成立大数据技术与应用(金融科技)专业群建设项目领导小组。(2)建立大数据技术与应用(金融科技)专业指导委员会。	(1)设立金融科技产业学院。(2)新建产教融合实训基地1个。	(1)专业指导委员会评估专业建设并形成评估报告1份。(2)新建产教融合实训基地1个。	(1)完成行业数据分析报告1份。(2)新建产教融合实训基地1个。	(1)新建产教融合实训基地1个。(2)完善组织保障体系。

续表

建设指标	具体内容	年度目标				
		2021年	2022年	2023年	2024年	2025年
7.建立健全管理体制和运行机制,确保建设任务高质量完成	7.2强化制度落实,建立管理运行机制	(1)梳理、落实"双高"计划各项管理制度。(2)制定专业群建设实施细则。	(1)建立项目管理信息系统。(2)采用KPI对专业群建设项目全程管控。	(1)完成产业分析报告1份。(2)评估专业与产业契合度,形成评估报告1份。	(1)完成产业分析报告1份。(2)评估专业与产业契合度,形成评估报告1份。	(1)完善各项制度落实。(2)完善管理运行机制。
	7.3持续诊断改进,建立质量保障体系	制定质量保障实施细则。	(1)制定专业建设各关键环节质量标准。(2)制定教学创新团队建设标准。	持续诊断并改进专业建设质量。	持续诊断并改进专业建设质量。	(1)持续诊断并改进专业建设质量。(2)完善质量保障体系建设。

第3章 成立产业学院，完善多元协同育人机制

在"双高"计划的背景下，培养产业学院学生的职业创新能力是一项重要举措，可以为学生的职业发展打下坚实基础。首先，学生可以通过与企业的合作，丰富基本专业知识；其次，可有效培养学生的专业技能和实践技能。合作企业普遍具备一定的教学实践条件，对学生职业创新能力的培养具有重要作用，合作企业提供的实践教育环境能够使学生认识到知识的实践性和职业道德的必要性，从而提高我国产业院校产学结合的质量。

3.1 揭示产业学院运行困境及其实践矛盾

3.1.1 办学定位不清，教育链与产业链错位

我国高职院校与行业企业联合举办产业学院的历史不长，不论是办学指导思想，还是育人实践，都存在着不少盲点，集中表现在部分高职产业学院办学定位不清，追求短期效益，缺乏长期战略性建设规划等问题，导致教育链与产业链错位。[1]

部分高职产业学院办学定位不清。一般来讲，高职产业学院创办的目的，主要是面向区域特定产业培养专门性的技术技能人才，或者说是高职院

---

[1] 姚宇华，黄彬，孙丽昕. 产业学院：内涵、困境与建设路径[J]. 扬州大学学报（高教研究版），2022，26（2）：36-44.

校与合作企业联合进行"订单式"人才培养。① 因此，产业学院与所属高职院校的办学定位具有一定的差异性。但在实践中，不少高职院校基于扩大规模或寻求资金来源的考虑，在没有进行充分的区域产业发展调研的情况下，盲目强调引入行业资本参与创办产业学院，在办学定位和方向上缺乏清晰的规划，对技术技能人才的具体培养规格亦缺乏明确界定。甚至部分高职院校在创办产业学院之初就忽视了产业学院办学定位的设计规划，在自身学科专业建设能力不强、师资力量薄弱、产教融合基础不牢的情况下，为了吸引行业企业参与办学，在办学定位和人才培养规划中向行业企业做出不切实际的承诺，不仅背离了混合所有制产业学院创办的初衷，也偏离了产业学院正确的发展方向，为高职产业学院的可持续发展带来不良影响。

部分高职产业学院建设缺乏长期性战略规划。高职产业学院作为直接面向行业、企业培养高素质技术技能人才的基地，应与产业的发展周期和发展趋势保持长期契合，为区域行业、产业发展提供技术支持和人才支撑。然而，不少高职院校与企业联合举办产业学院时，缺乏长远的战略思维，只是简单地将产业学院视为一定时期内基于特定需求而形成的人才培养合作形式，校企双方都未能将产业学院建设纳入自身的长期战略发展规划，一旦企业的经营策略调整或阶段性的人才培养需求消失，产业学院的举办动力也会随之消退。这种短期性和功利性的思想认知，制约了产业学院的健康有序运转。

职业教育作为服务于地方经济建设的高等教育，与区域产业紧密结合是其重要的特征。② 一方面职业教育为区域产业提供高素质、应用型和技能型人才，另一方面高职教育的发展受制于区域产业的需求，坚持区域产业发展和社会人才需求的动态匹配是高职人才培养模式构建与定位的重要依据，因此高职院校应根据区域经济发展状况，积极进行专业定位的调整，只有这样才能促进专业快速发展。然而目前很多高职院校的专业未能充分考虑区域特性，缺乏对本地产业的深入调研，导致很多高职院校专业人才培养方案大同小异。高职专业建设应突出行业背景和区域特色，着眼于某个行业的人才培

---

① 耿乐乐．现代产业学院协同治理：形成机理、构建逻辑与实现机制［J］．现代大学教育，2023，39（6）：99 - 108．

② 刘澍，赵占军，池卫东．基于功能定位的产业学院建设架构及推进策略［J］．中国职业技术教育，2023（22）：56 - 64．

养，同时兼顾其他方面的应用，这样才能更好地为社会服务。

产业学院建设首先必须选准提供具体服务的产业链，找准高职院校质量提升和结构优化的突破口，服务于产业转型升级和重大战略实施的切入点，将产业链和教育链融合起来，不是简单地把学科、专业拼接在一起，而是要从系统的高度综合考量和权衡各个学科、专业之间的发展逻辑，使教育链能与产业链对接起来。① 苏州外包的做法是：首先，把金融大数据专业群定位为集教学、培训、职业技能鉴定和社会服务于一体的产学研综合平台，建立大数据产业学院，在建设过程中，高度重视产学研协同创新发展，积极与校外的思必驰科技股份有限公司、苏州核数聚智能科技有限公司等企业探索打造战略合作新模式，共建校内实训平台，共同培训学生的技能，优选优聘优秀毕业生，形成双赢态势，并为社会服务；其次，选准提供具体服务的产业链，按照大数据技术、金融科技、大数据与会计人才培养方案实施实训课程教学，较好地满足实训教学的需求。

3.1.2 多主体利益冲突，企业参与度低

在产业学院产教融合模式下，通过调研发现，校方的投入形式主要表现为场地、设施设备的使用权，师资、学生等智力资源，其他形式基本可忽略。对产业学院的诉求表现在多个方面，其中较为突出的诉求包括提升专业群建设质量，提升人才培养、培训质量，培养"双师型"教师，提升科研、社会服务水平，以及优化实践教学条件等。获取经济利益、节约办学成本等经济方面的诉求比例极低。该结果与高职院校以育人为主的功能定位基本契合，并在一定程度上证实了研究者们对产业学院功能的定性描述。

行业、企业对产业学院的投入形式聚焦于企业师资、项目资源、硬件及必要的软件资源等，其他类型的投入较少。行业、企业投资方对产业学院的核心诉求首先是介入学校人才培养过程，储备所需的专业人才；其次是深度利用师生科研能力，进行产品（项目）研发、技术创新；最后是作为员工培训基地，提升员工专业水平。

地方政府是产业学院办学的重要主体，既是产教融合、校企合作的统筹

---

① 周坚和，秦小云，李健. 地方高校现代产业学院新工科人才培养模式探索［J］. 高等工程教育研究，2023（4）：31-35.

领导者，也是公共政策的制定者、参与者。① 在深化产业学院建设过程中，政府利用自己的行政公权，依法为产业学院各方形成互惠共赢的机制提供支持，产业学院是为迎合当地社会经济、产业发展的需求而组建的，教育的公益性和企业的逐利性决定了必须由政府出面推进学校和企业之间的合作。

高职院校是产业学院办学的中心主体，具有人才培养优势和科技研发优势。② 产业学院实质上是高职院校探索产教融合的新模式，可促进工学结合、校企合作等外在性合作进一步向纵深发展，使其成为实体性生产要素的内在性联合，对现有的人才培养、技术创新、产教融合、技术技能平台进行资源整合，组建产教融合综合体，培养产业需要的技术技能型人才。高职院校作为一个教育组织，在产业学院合作中的教育利益体现在：通过与地方政府、企业行业合作，创新学校治理体制，拓宽教育经费来源，增加教师收入，改善学校办学条件，营造良好的育人环境，提升办学效益，为社会培养高素质的技术技能型人才。

企业作为产业学院的办学结构性主体，营利性的价值取向决定了其认知逻辑和行为导向。③ 立足市场经济背景，紧追产业动态发展，通过竞争手段追求经济效益，实现利益最大化是企业发展的现实需求。企业是产业学院办学的结构性主体，在资源投入、经费支持、技术设备更新等方面具有优势④，企业立足经济关系，以经济利益最大化为原则，追求经济效益，实现资源共享。企业希望与地方政府、高职院校合作，建立良好的社会声誉，吸纳优秀人才，了解最新的行业发展动态，并依靠高职院校人才培养优势，解决企业人力资源匮乏的问题，增强自身的市场竞争力。企业也希望通过合作，优先获取高职院校的科研及技术成果，依托地方政府及高职院校，加强内部职工的培训和继续教育，实现企业的可持续发展。大多数企业认为培养人才是职业院校的责任和义务，校企合作只停留在单纯选择人才的层面，企业在人才

---

① 于意，谭慧子，盛欣. 高校现代产业学院建设中"三链"有效衔接研究［J］. 当代教育论坛，2023（2）：10－17.

② 周桐，刘宇，伍小兵，等. 我国高职院校产教融合的现状、困境及创新路径［J］. 实验技术与管理，2022，39（9）：228－234.

③ 陈小中. 高职现代产业学院的内涵逻辑、运行掣肘与发展路径［J］. 教育与职业，2022，112（12）：28－35.

④ 林健，耿乐乐. 现代产业学院建设：培养新时代卓越工程师和促进产业发展的新途径［J］. 高等工程教育研究，2023（1）：6－13.

培养方面的关键作用未得到充分发挥。一些企业可持续发展意识淡薄,没有认识到职业教育赋能产业创新在企业发展中的关键作用,企业才是职业教育发展的最终受益者,通过建设产业学院加深校企合作也是提升企业形象、进行人才储备、提高企业未来竞争力的核心所在。

产业学院多主体利益契合关系见图3-1。

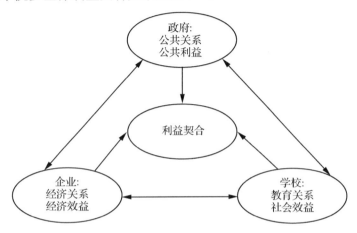

图3-1　产业学院多主体利益契合关系

高职院校产业学院建设与运营面临的一个现实问题是行业、企业参与度不高,大多数产业学院建在高职院校校园内,远离产业环境,产业院校的运营管理仍然以学校为主,产业介入程度低,导致在产业学院运营过程中存在学校热、企业冷的现象。

3.1.3　政策支持力度不强,内涵建设缺乏

产业学院作为一种新的办学模式必须要有配套的制度体系作为支撑,从而保障参与各方主体的权益和规范各自的行为,促进各方凝聚共识,达成发展目标。但当前对于产业学院的具体运行模式,政府及职能部门在制度设计上明显滞后,虽然不少地方政府已经明确表态支持职业院校的混合所有制发展,并鼓励各企业深度参与职业教育办学,但在产业学院的具体制度出台和鼓励支持方面,目前仍然持观望和谨慎态度,依据法律法规解放思想,支持产业学院阔步发展的理念尚未形成,各院校受制于政府管理和独立的法人办学主体,在实施过程中还存在着诸多政策和制度障碍。产业学院的参与主体和运行模式不同于传统的职业院校二级系或二级学院,是校企共同投资、共

同管理、共同建设的相对独立的教育机构，具备独立运营和发展能力。但当前产业学院的法人地位尚不明确，产业学院的创办、合并、转让、托管等基础性问题都缺乏明确的制度安排，产业学院资产的界定、核算、清算等重大问题也缺乏具体可操作的细则，校企双方对产业学院的运营更多的是基于合作协议，但合作协议规定有限，更多的是宏观方面关于产业学院权力机构组织、运行的流程、双方的职权责等的规定，在实际运行过程中由于缺乏独立法人资格，在产生重大利益分歧或协议中未规定的事项时，往往容易形成相互博弈的局面，不利于产业学院的长远发展。

一方面，有关产业学院建设的政策较为缺乏。① 从政府层面看，当前是将产业学院的建设置于新工科建设、产教融合、校企合作等政策框架下，虽在国务院、教育部及部分省市政策文本中有所涉及，但尚未出台专门针对产业学院建设的政策文本。从学校层面看，大部分探索建设产业学院的高校制定了促进和规范产业学院的政策文件；从文件内容看，主要包括产业学院建设管理办法、评估办法等较为宏观的顶层设计的政策，课程建设、教师队伍建设等较为微观的内容涉及较少。

另一方面，产业学院建设的政策质量有待提升。就政府及学校已制定的公开的与产业学院建设有关的政策文本看，总体质量较低。政府颁布的相关产业学院建设的政策主要源于国务院、教育部及部分地方政府的政策等，在产教融合、新工科建设等政策文本中以零散的条文形式出现，表述以"鼓励"等为主，只是较为宏观地提出了支持产业学院建设的议题，但对如何建设及如何支持等着墨较少。从学校来看，由于产业学院最早源于高职院校的探索与实践，因此相对而言，部分较有代表性的职业高校在政策制定上较为完善，初步形成了产业学院建设的政策制度体系。本科高校由于探索产业学院建设的时间较短，故从部分较有代表性的高校看，虽然出台了相关产业学院建设方面的政策文件，但从政策文本的具体内容看，大部分与高职院校有较大的同质性，无法完全体现学校自身的实际和特色。

---

① 李雪，蒋芝英. 基于市场化的校企共建产业学院：逻辑、价值及路径 [J]. 教育与职业，2022，13（3）：35–41.

3.2 以产业学院为载体,打造多元协同育人平台

3.2.1 明确产业定位,实践"双元、三链、四能"人才培养模式

"培养什么人、怎样培养人、为谁培养人"是教育的根本问题。针对高职院校在人才培养过程中出现的问题,苏州外包金融大数据专业群深化校企合作,校企双方不断对专业岗位与产业的匹配度进行调研和论证,积极探索大数据专业人才培养模式,通过三年实践,形成了"双元嵌入、三链对接、四能递进"的人才培养模式(图3-2)。

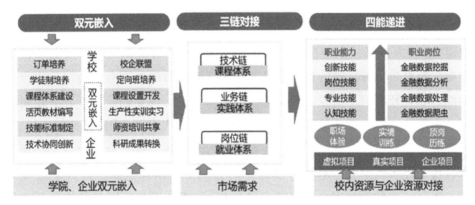

图3-2 产业学院人才培养模式

1. 明确产业定位,培养金融大数据复合型人才

明确产业定位,规划好产业方向,精准做好产业链、创新链、人才链的对接,使产业的发展围绕区域聚焦的关键技术和核心需求进行。通过学科、专业重构,产业学院的人才培养更加聚焦产业需求,从而在人才培养目标和产业发展对人才的需求等方面实现统一。多元主体的有效参与是产业学院良性发展的必备条件,实施以产业为引领,政、行、校、企资源共享、发展共管、职责共担、利益共享,探索"多元协同"的组织机制,为产业学院的可持续发展做好组织准备。

苏州外包的大数据专业自成立以来,始终紧紧围绕《苏州市大数据产业

发展规划》和《苏州市金融业发展"十四五"规划》的发展要求，聚焦金融大数据产业，将大数据技术与金融行业进行融合，积极探索"大数据+金融"的复合型人才培养模式。

在制定人才培养方案时，苏州外包进行充分的行业调研，把企业人才需求规格和岗位所需要的职业能力标准融入课程体系；在课程体系设计时，校企双方共同设计标准，使实践教学内容反映企业的真实经营和管理实践，构建以通用知识和通用技能模块为基础、以各方向课程模块为主体、以专业技能提升模块和创新技能提升模块为特色的人才职业能力框架；加深与企业的联系，通过共建课程标准、课程素材，共享项目资源，共同开发教材等推进校企双向嵌入，不断持续优化课程体系，加大课程改革与建设力度，创新改革金融科技人才培养模式，实现学校和企业的"双赢"。

2. 深化产教融合，全方位实现三链对接

针对企业对既懂金融等行业知识又具备大数据分析处理能力的人才的急迫需求，"大数据技术与应用（金融科技）"专业群积极主动对接金融科技企业，与思必驰科技股份有限公司、苏州市银雁数据处理有限公司共建产业学院，联合开展招工招生、实训实习、质量评价、就业创业，开展学徒制培养，实现专业群与产业链对接；与招商银行、科大讯飞、用友、企查查、智慧芽等企业结成校企合作联盟，全方位深入开展各类校企合作项目，共建金融科技工程实践中心，对接产业链中的云财务、票证金融、税务金融等业务，实现"大数据技术与应用（金融科技）"专业群的实践教学体系与业务链对接；引导合作企业深度参与专业群教育教学改革，将大数据、区块链、5G、VR等新一代信息技术融入课程设置、实习实训、教学设计、教学方法、教材开发等课程体系建设，同时把学历教育证书（1）与职业技能等级证书（X）相融通，实现课程体系与技术链的对接；发挥政府部门与行业组织的人才需求预测和职业能力评价作用，把市场供求比例、关联岗位就业质量作为"大数据技术与应用（金融科技）"专业群结构调整的重要依据，做好与企业人才供求的对接，实现与岗位链的对接。

3. 完善实践教学体系，实施四层递进能力培养

在实践教学过程中，"大数据技术与应用（金融科技）"专业群以虚拟项目、真实项目、企业项目为依托，探索"职场体验—实境训练—顶岗历

练"的实践教学体系,形成了"认知—专业—岗位—创新"的递进式人才培养流程。在课堂教学中,以立体化教材为手段、以项目化教学为导向、以虚拟环境为依托,培养学生基本技能和专业技能;在实训教学中,以校企产业联盟为依托,通过数据标记工作室、数据分析工作室、可视化项目处理工作室,引进企业的相关金融数据标记、分析与可视化项目,以真实环境为依托,培养学生的专业技能;在顶岗实习阶段,在真实的企业环境中,培养学生的岗位技能,全面对接企业业务链,实现学校人才培养与企业岗位需求的对接。

3.2.2 重构模块化课程体系,建设专业群立体化资源

1. 通过校企 "双元嵌入" 制定课程体系

苏州外包对接苏州工业园区产业调整变化,紧密联系和跟踪行业企业,持续更新人才培养方案契合度报告,校企双方根据企业岗位工作提炼典型工作任务,确定典型职业能力,构建专业课程体系,做到课程内容与工作内容对接,专业核心课程与职业活动对接,根据科技创新与金融科技新岗位打造"大数据技术与应用(金融科技)"专业群的"通用基础课程共享、业务岗位课程分立、创新发展课程融合"模块化课程体系。

"立德树人"是我国当前教育的根本任务,教育事业不但要传授知识、培养能力,还要把社会主义核心价值观融入课程。课程目标是课程内容设计、过程实施及效果评价的重要依据,"大数据分析与应用"作为一门专业核心课,其目标过多强调对知识和技能的掌握,导致在知识传授过程中忽略价值引领的作用、学习技能时脱离岗位能力培养,因此课程思政建设需要从知识、能力、价值等多个维度进行分析调研,在此基础上对课程目标进行重塑与提升。根据"大数据分析与应用"课程在大数据专业课程体系中的作用,结合数据科学与工程专业要求,课程团队以"立德树人"理念为指导,反向设计课程教学目标,确定了能力目标和价值目标。

2. 强化"双元嵌入"机制建设, 开发立体化教学资源

从校企合作角度开展课程资源库建设,企业、行业参与课程标准制定、教学资源建设,形成"素材—课程—专业"三个递进层级的立体化教学资源库。以"大数据技术与应用(金融科技)"专业群领域学习者的职业生涯发

展及终身学习需求为依据，重点满足职业院校教师、学生、企业和自学者四类对象不同层次的学习需求，强调教学资源的可持续积累。

在教学目标的指导下，课程团队通过对企业的实地调研，由学校教师、行业专家、产业教授共同组成课程开发团队，探讨大数据分析师岗位的工作能力，分解岗位工作任务要求，遵循高职应用型技能人才培养规律，根据企业真实应用场景设计出符合教学需求的典型项目，将项目按实施进度和任务要求进行分解，结合任务要求提炼思政元素，落实课程思政，将课程内容的设计与产业发展、岗位工作相融合。

在对学生学情分析的基础上，充分挖掘并整理大数据行业、人工智能产业的思政元素，并将其浸润式地融入课程项目的相关任务，实现项目任务与思政素材的有机融合，使学生能够在任务实施过程中潜移默化地提高思想水平、道德素养和文化素养，将知识传授、价值引领融为一体（图3-3）。

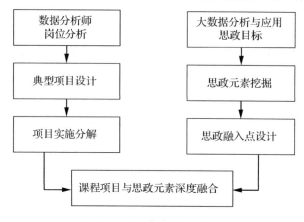

图3-3　课程思政融入模式

苏州外包优化课程教学，实施"订单式"培养的合作办学模式，从培养目标、教学设计、课程设置到教学资源等均由校企双方共同参与，邀请企业专家和学校教师共同组成课程开发团队，分析岗位工作能力和典型工作任务，以项目为主线，提炼思政元素，落实课程思政，将课程内容的建设与产业发展、岗位工作需求相融合。

图3-4为苏州外包的一体化教材建设路径。

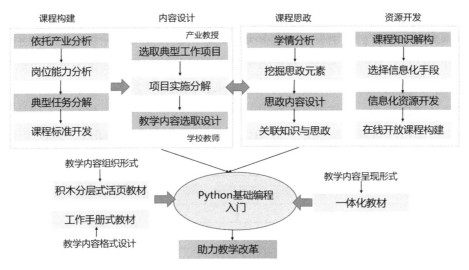

图 3-4　苏州外包的一体化教材建设路径

苏州外包加强实践基地建设，通过共建专业教学实践基地、乡村振兴实践教学基地、大国工匠工作室、产教融合展览馆等基地，使马克思主义中国化时代化最新理论成果、社会主义核心价值观、企业精神和文化进基地进场馆，入脑入心，展示新思想、新变化，夯实思政育人硬实力。引导学生进企业，在实习见习过程中提升技能、磨炼意志、砥砺品行，培养学生爱岗敬业、执着钻研、精益求精的"匠心"。让学生在基地实践中感受到用双手创造财富、造福社会的幸福感，在实践中感悟和践行企业家精神、创新精神、竞争精神。

3. 践行以学生为中心的"线上 + 线下"混合教学模式，促进学生全面发展

苏州外包以真实职业环境为依托，虚拟本专业群各专业相关的社会环境，设计典型工作情境，结合企业分岗，让学生在其中进行角色扮演，通过配套的"学生工作任务"完成从职业认知、职业素质养成到专业知识与技能的掌握，实现"零距离"上岗。建设情景教学资源，具体建设内容包括软件建设和硬件建设，软件方面包括财会金融基本技能与大数据分析运用能力培养平台和职业综合素质培养平台，硬件方面包括可同时容纳 120 人训练的仿真实训中心。

苏州外包"大数据分析与应用"课程的教学实施过程坚持以学生发展为中心的教学理念，重视学生的全面发展，践行"线上 + 线下"混合教学模式。通过"超星"智慧教学平台给学生推送课程预习单、案例分析与名人故事等，督促学生进行课外学习和讨论，并及时与学生互动，为后续线上、线下授课做好准备；课中设计丰富多元的教学活动，充分激发学生学习的主动性和团队协作精神，将学生职业道德与素养等思政元素渗透于专业知识的培养过程；通过实践教学让学生"做"起来，提高学生发现、分析、解决问题和团队协作能力，使学生在实践中将专业知识和价值导向内化于心、外化于行。以学习项目任务为明线，以知识与技能、素质培养为暗线，通过线上、线下混合式教学，达成"知识+技能+素质"的课程目标。（图3-5）

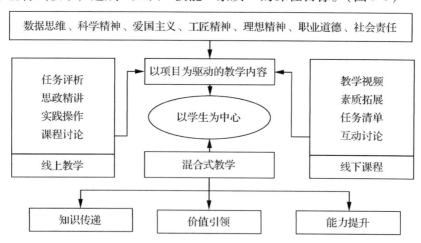

图3-5 苏州外包的线上、线下一体化教学模式设计

3.2.3 加强产业学院内涵建设，提升多元主体责任感

1. 专业建设紧扣产业发展趋势

苏州外包瞄准产业需求，在专业建设过程中，将支持和推动产业发展作为行动起点，面向苏州乃至长三角各区域现代产业规划和布局，依托自身优势专业，整合产业学院合作企业的各类资源，建设符合区域产业发展趋势的新型专业，真正做到了"通过产业学院把生产链和专业群结合在一起"。学校通过强化跨界融合，依托产业学院平台，整合专业之间、校企之间的人、财、物等资源，实施专业融合和融通，强化行业企业对于职业院校人才培养质量的适应度和满意度。同时，产业学院围绕地方确定的重点发展领域，主动调整专业结构和规格，着力打造符合地方产业特色的优势专业，推动专业集群式发展，紧密对接产业链，实现多专业交叉复合，支撑同一产业链的若

干关联专业快速发展。以大数据产业学院为例,它是为了适应金融大数据技术产业迅猛发展,更好地满足地方产业发展人才培养需求,由苏州外包与思必驰科技股份有限公司合作成立的。为了培养金融大数据人才,它在已有的大数据技术专业基础上进行了专业拓展和革新。

2. 课程内容与岗位要求深度融合

课程既是实现职业院校人才培养目标的手段,也是培养过程的核心环节。职业院校要提高学生的综合职业能力,就必须从课程入手,进一步完善课程体系,让学生获得将来从事实际工作所需的技术和实践经验,从而胜任岗位工作。南京市职业院校产业学院作为新型技术技能人才培养改革的创新平台,在教育教学改革中做了两方面创新。一是坚持课程岗位一体化建设,通过校企双方深度对接,搭建校企共享的课程平台。按照课程体系对接岗位群的思路,将课程划分为多个核心模块,再通过深入研究产业链的关联性和各个岗位之间的特点,对核心模块进行重组、改造。以行业企业实际职业岗位能力的要求作为课程内容设置的依据,依托课程平台,进一步将产业技术和需求融入课程建设。在深化产业学院建设的过程中促进课程体系建设不断完善,深入推进产业和教育的有机衔接,使职业院校培养的学生能够满足行业企业发展对人才的需求,进而实现人岗匹配。二是开发与时俱进的课程内容。通过产业学院,及时将工作岗位最前沿的技术、标准、工艺等融入课程内容,推进课程内容与岗位发展要求相对接,实现课程内容与时俱进。以南京金陵高等职业技术学校与宝马集团共建的金陵宝马学院为例,该学院校企协同组建课程开发小组,对接国际企业标准,协同进行岗位调研,分析岗位知识、技能、素养结构,构建岗位能力模型,形成课程开发机制,取得了良好的教学效果。

3. 实践教学紧密依托合作企业

职业教育的核心任务是培养高素质技术技能人才,其中,实践教学是高素质技术技能人才培养的关键,这就对实践教学提出了更高的期望,要求实践教学紧跟企业技术的发展。南京市职业院校产业学院依托合作企业,充分发挥产业学院成员企业的资源优势,建设生产性实习实训基地,实现校企实训资源共建共享。一是优化实训环境,建立完善的实践教学体系。产业学院持续完善实践教学管理机制,建立实践教学沟通机制、实践教学监督考核机制，不断规范实践教学过程管理，从而促进企业在参与实践教学过程中逐渐形成有序状态。二是以行业需求为指导，修订实践教学计划。学院以职业能力为导向，明确实践教学目标；与优质企业合作，优化实践教学内容。

4. 践行互利共赢的治理决策机制

产业学院作为新生事物，其内部管理结构、管理能力仍处于探索阶段，在缺乏行业产业的现实参与下，其具体运行实践难免出现诸多问题。

一方面，校企协同管理机制不完善。首先，较高的目标清晰度是产业学院建设的基础，在多元主体共治共管过程中具有重要意义。当前，我国产业学院的目标是瞄准与地方经济社会发展的结合点，不断优化专业结构，增强办学活力，探索产业链、创新链、教育链有机衔接，建立新型信息、人才、技术与物质资源共享机制，完善产教融合协同育人机制。然而在具体操作中，建设目标的宏观性导致部分企业出现了对学校的建设计划和运行机制不了解，双方未能就产业学院的建设达成清晰一致的目标与建设计划，难以形成合作与沟通的有效机制的现象。企业对合作建设产业学院的具体目标、合作计划和具体措施等了解度不够，校企沟通协同机制的缺乏，制约了产业学院的高效发展。其次，双主体的产业学院建设机制与校企各自管理体制上的差异性，影响产业学院的运行效率和建设成效。公办职业院校的"泛行政化"管理体制与企业的市场化经营机制导致产业学院在日常管理中出现运行机制矛盾。随着学校和企业在多领域合作的不断深入，涉及的校方和企业事业部门非常多，易出现比较难进行资源匹配和协同的现象，学校的制度和机制方面的问题及公司的流程规定限制，导致实施举措落地速度较慢，效率不高。

另一方面，校企人才培养目标存在异质性。高职院校与行业企业联合建立产业学院，落脚点在提升技术技能人才培养的质量和针对性，校企双方协同育人是高职产业学院建设的内在要求。但在实践中，校企双方不同的育人理念和育人能力制约着产业学院的预期育人成效。首先，在人才培养目标上，学校作为教育主体，秉持着培养和塑造德智体美劳全面发展的人的教育理念，既重视学生专业技能的学习，又关注学生人文素养和思想品格的培育，以期赋能学生的终身发展。企业作为市场主体，对学生的期望集中于技术技能单一能力方面的培养，校企人才培养规格和目标呈现差异性，学校人才培养规格和目标过高、企业现有的教学体系和教学资源无法支撑等问题日渐突出。其次，在人才培养能力上，校企双方均易出现能力不足的情况。企业虽然非常愿意参与产业学院育人合作，共同推进产教融合，培养符合产业需求的人才，但企业对教育并不是很专业，企业师傅缺乏对教育教学规律的认识，希望在校企合作中学校能更多做好自己的支撑工作。与之对应，高职院校的专业教师虽有足够的教育教学理论知识，但他们中大多是普通高校毕业生，缺乏企业工作经历和经验，实践能力不足导致他们在实践教学中捉襟见肘，主导性不足。同时，人才评价体系不完善、人才就业无保障等问题也在一定程度上制约着校企协同育人的成效。

图 3-6 为产业学院治理决策机制。

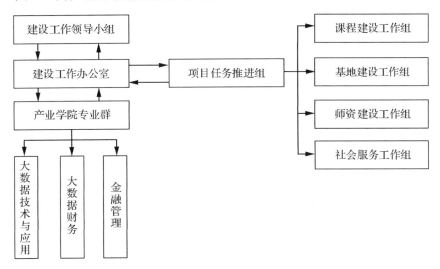

图 3-6　产业学院治理决策机制

3.3 案例分享：建设 SISO-思必驰大数据产业学院，探索育人新机制

SISO-思必驰大数据产业学院是由苏州外包、思必驰科技股份有限公司、苏州核数据智能科技有限公司、万合机器人（苏州）有限公司四方共建，以高校为主体，地方政府积极参与，产业领军企业为共同办学主体的新型产业学院。政、校、企三方共同成立理事会，决策学院发展的重大事项；成立学院发展咨询委员会、学术委员会、教学工作指导委员会，对学院发展事项提

供咨询和建议，成立由校企人员共同参与的日常管理运营团队，落实学院各项具体决策。2019年11月，苏州外包和思必驰科技股份有限公司进行了深入交流，双方签署校地融合发展战略合作框架协议，规划"大数据+"布局，打造集教育培训、项目研发、成果转化、企业孵化于一体的网络安全行业全产业链，推动校地融合、产教融合。

3.3.1 建立基于理事会的现代组织结构

学院实行以校为主、多方参与、分工合作、良性互动的管理体制机制，形成共建共管的组织架构，构建以产业学院理事会为主的治理模式，赋予产业学院发展所需的人权、事权、财权，建设科学高效、保障有力的制度体系。校企共同建立健全管理机构、管理制度和教学运行及质量监管机制，形成产教深度融合、校企一体化的新管理体制。拟配套制定《SISO-思必驰大数据产业学院建设与管理办法》《SISO-思必驰大数据产业学院理事会架构及职责》等一系列规章制度，制定《SISO-思必驰大数据产业学院学生实践安全管理制度》《SISO-思必驰大数据产业学院教学质量监控管理办法》《SISO-思必驰大数据产业学院学生选拔管理办法》，建立满足具有国际竞争力的复合型新工科人才培养需要的保障机制，做到校、企、政职责分明。坚持自愿申请和择优选拔原则遴选学生；依据教师工程实践能力提升计划实施办法和产业学院教师评聘考核办法，对教师开展评聘考核。学院组织架构如图3-7所示。

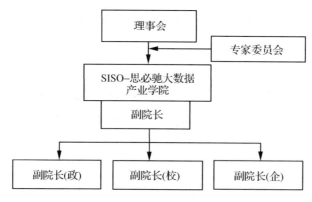

图3-7 SISO-思必驰大数据产业学院组织架构

3.3.2 建立高水平金融大数据专业群学科

SISO-思必驰大数据产业学院依托大数据技术、大数据与会计、金融科技和金融管理、人工智能等专业开展人才培养，围绕学校面向基层、服务地方的办学定位，发挥学院专业学科优势，紧密结合江苏省和苏州市经济社会发展需求，瞄准苏州智转数改、金融数据、金融智能等十大产业链转型升级对新一代数据信息处理安全技术的需要（数据爬取、数据分析、数据可视化、数据挖掘），坚持以专业建设为龙头，以校级协同创新中心数据智能中心为创新动力，贯彻"新工科"办学理念，多学科交叉互融，精心规划培育，整体提升学院各专业人才培养质量，增强科研与社会服务能力。

3.3.3 建立高水平"双师型"师资团队

学院为解决金融大数据实践课师资短缺问题，积极推进"互补型"校企联合"双师型"师资队伍建设。支持企业技术专家和学校在职教师双向流动、两栖发展，打造一支适应产业学院人才培养的"双师型"师资队伍，在自主创新及国产化领域形成持续的科研与教学能力。学院通过产学研校企协同合作项目，将教师安排至企业实际项目中，并定期组织行业工程师提供先进技术培训，提高教师的实践能力和项目开发经验，充实行业知识，促进教师团队科研、实践和应用水平的提升，重点打磨课程内容和教学案例，将网络空间安全行业的前沿知识应用到实际工作中。借助《江苏省产业教授（本科类）选聘办法》等省市政策，学院聘请企业十余名行业、企业专家来校兼职兼课，担任企业导师和创新创业导师，促进学生实践创新发展。图3-8为学院教师队伍建设情况。

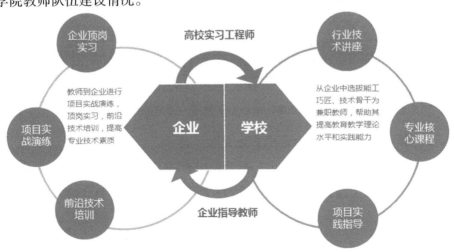

图 3-8　SISO-思必驰大数据产业学院教师队伍建设

3.4.4 建设高水平实习实训基地

学院从实践、应用两个维度，校企联合打造金融大数据实践类教学平台，将产业真实环境、真实项目案例引入教学各个环节，使学生在大学期间沉浸在产业环境中开展实践学习，切实提高学生工程实践能力。学院引入合作企业提供的内容、平台及服务的综合解决方案，完成产业环境引入，以培养学生解决复杂问题的能力，锻炼学生的工程实践能力和创新能力，并完成通过教育信息化手段支撑教学改革的环境建设。

3.4.5 培养高质量金融大数据人才

学院强化新工科理念，重视金融数据产业与大数据、区块链、大数据与会计、金融科技、金融管理等专业的交叉融合，优化人才培养目标和人才素质要求，突出素质培养与复合型知识结构构建，培养"创新引领、德能并举、理实一体、产学融通"的金融大数据人才（图3-9）。

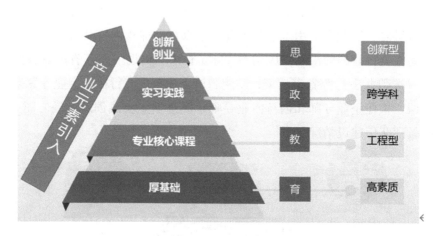

图3-9 SISO-思必驰大数据人才培养框架

1. 强化课程思政，构建"三全育人"体系

学院坚持立德树人根本任务，将课程思政融入网络安全人才培养的各个环节，打造课程思政示范课程群，构建"三全育人"体系，建立"四导"沟通机制，使学生具有坚定信仰、法律意识和家国情怀，形成正确的人生观和价值观。

2. 实施项目驱动,提升学生产业技能

学院在学业指导上实行校企"双导师制",充分利用产业优势和云平台等多种先进方式,提升学生发现和解决产业问题的技能,与企业联合设计产学融通的教学环节,确定理实合一的实践内容,将项目嵌入课程,实现产业技能培养的体系化。

3. 推动以赛促学,培养学生双创能力

学院通过"课证融通"和"赛证结合",推动以赛促学,激发学生学习动力,提升解决复杂问题的能力。增设夏季小学期,通过集中竞赛培训、企业实践,提高学生的工程实践能力。

第 4 章

聚焦产教融合，共筑产学研平台

2021年3月，十三届全国人大四次会议通过了《中华人民共和国国民经济和社会发展第十四个五年规划和2035年远景目标纲要》（以下简称《纲要》）。《纲要》指出，需要创新办学模式，深化产教融合、校企合作，鼓励企业举办高质量职业技术教育，探索中国特色学徒制，并且建设一批公共实训基地和产教融合基地，推动培训资源共建共享。同年4月，全国职业教育大会在北京落下帷幕，会议对职教领域实践技能的培养做出了新的指示，要求职业教育把产教融合、工学结合作为办学基本模式，改革教学教法，建好用好各类实训基地，让学生在实际劳动中增长才智、提升技能。

产教融合实训基地建设的目的是实现资源共享和资源利用效率最大化、社会效益最大化，体现公共性、公益性、示范性、综合性原则，将"产学合作、科教结合、面向市场、适应社会、加强实践、注重创新"作为服务宗旨，以标准化、集中化的人才培养为抓手，以政府主导、企业运营的方式，充分挖掘院校最新的科技创新资源，提升毕业生专业技术能力，零距离对接产业企业需求，解决企业用人难的问题；通过项目实训、案例实训、技能培训、技能鉴定、校企合作、学术交流等方式，为政府打造招商引智的创新服务平台，吸引更多优秀的创业团队在实训基地生根发芽，使更多可产业化的项目孵化落地，实现特色产业经济的可持续性发展。

4.1 深化产教融合，建设高水平实践基地

产教融合是职业教育的基本办学模式，因此建设高水平产教融合实训基地是职业教育高质量发展的需要，是职业教育为我国经济社会发展培养高水

平技术技能型人才的需求。① 而深化产教融合、校企合作是我国职业教育发展的新诉求，《国家职业教育改革实施方案》首次将实训基地定义为产教融合型实训基地，意味着实训基地内涵的质变，与《关于深化产教融合的若干意见》《职业教育校企合作促进办法》所称的"产教融合型企业"相呼应，通过实训基地载体，校企共同促进实现产教融合的目标。

高水平、专业化、开放共享的产教融合实习实训基地是职业院校建设技术技能型人才培养高地和技术技能服务高地的重要保障与支撑。② 产教融合基地综合了传统意义上实训基地、企业行业校内实训基地的功能，适应社会发展的需求，解决了政府、企业和学校的多元需求，是落实产教融合的重要场所。产教融合、校企合作是国家对职业教育办学模式的总体规划，其核心是推动行业与专业对接、生产与教学对接、岗位与课程对接。因此，深化产教融合是解决企业人才需求与高校人才培养问题的一个重要桥梁，能有效改善人才供给脱节的问题。

4.1.1　引企业入校，共建校内生产性实训基地

实训条件建设是专业建设和人才培养的重要支柱，是提高教学质量、培养高技能型人才的基础和保障。③ 校企双方遵循"专业领域相通、技术领域相近、资源领域共享、协同持续发展"的原则，共同推进高水平产教融合实训基地建设。企业负责提供标准、技术，学校负责提供场地、人员，双方共建共管。企业技术人员参与技术开发与指导，校内教师负责日常监督与教学。

1. 校内生产性实训基地建设的必要性

首先，加强高职院校校内生产性实训基地建设有助于提高学生的职业能力。校内生产性实训基地是校内设立的实训工厂或实验室，它可以与职业市场接轨，随时调整、更新产业需求，使学生所学的知识与实际产业需求更加

---

① 李梦卿. 以深度产教融合推进我国现代职业教育高质量发展[J]. 职业技术教育，2023，44（25）：1.

② 郝福锦. 科教兴国战略背景下职业院校产教融合教材开发研究[J]. 职业技术教育，2023，44（20）：22-27，

③ 闫志利，郭孟杰，王淑慧. 产教融合体培育与建设：理论研究及实践取向[J]. 中国职业技术教育，2023（24）：58-65.

契合，学生到实训基地就可以模拟真实的工作场景，并在实践中锻炼职业能力，提高实践操作技能，增强团队协作能力。

其次，构建校内生产性实训基地有助于推进产学研深度合作。高职院校的实训基地具备产学研结合的条件，实践是检验成果的最好途径，以创新为追求目标的实践活动更为重要，实践项目是产学研融合的桥梁，只有通过产学研融合才能不断推进技术创新和人才培养。建设优秀的校内实训基地能为承接企业项目、校企合作提供更多的可能和条件，从而不断提升高职院校的职业教育能力，增强职业院校的行业竞争优势，并能增强高职院校职业技能教育的影响力。

2. 校内生产性实训基地的建设原则

高等职业教育的目标是"培养生产、建设、服务、管理第一线的高级技术应用型人才"，因此校内生产性实训基地的建设要遵循以下几个原则。

（1）先进性原则。生产性实训基地要以先进的职业教育理念为指导，借鉴发达国家和发达地区的先进经验；实训基地的设计和建设方案要有一定的前瞻性和超前性，实验实训设备要注重先进性与实用性的统一，符合科技发展的趋势。在技术要求上要具有专业领域的先进性，使学生在实训过程中能了解本专业领域的新设备、新材料，学到新技术、新工艺，掌握本专业领域先进的核心技术路线、工艺路线和技术应用场景。

（2）生产性原则。生产性实训基地的环境、场地、布局及设备配置要仿照企业典型产品或典型生产线的工艺流程和操作规范，使学生能够按照职业、岗位（群）的技能要求得到有针对性的训练，缩短学校与企业的距离，在保证实践性教学有效进行的同时，实现经济效益的最大化。

（3）综合性原则。生产性实训基地要以骨干专业学生技能训练为基础并覆盖相关专业群；要将专项技能训练与综合技能训练有机结合；要将技能训练、技能竞赛、技能考核鉴定、创业就业训练和技术服务有机结合，充分发挥实训基地的综合功能。

（4）开放性原则。生产性实训基地不仅为学生技能训练、竞赛、考核鉴定服务，还要为教师培训服务；不仅要为本校服务，而且要为其他院校服务；不仅要为教育系统服务，还要为企业和社会服务，使实训基地成为校企合作、校校合作的桥梁，社会服务的基地，达到互惠共赢。

3. 校内生产性实训基地建设标准

校内生产性实训基地建设应以本系（院）专业和专业群为重点，充分体现基础性、多功能性和共享性。[①] 因此校内生产性实训基地建设应符合以下标准：生产性基地必须配备符合本系（院）学科设置的、足够数量（工位）的、比较先进的仪器设施；生产性基地必须配备符合本系（院）学科设置的、足够数量的、精通业务的实训指导教师；生产性基地必须配备符合技术要求的房舍、场地、附属设施及配套环境；生产性基地建设必须全盘考虑，统筹兼顾，力求资源共享；生产性实训基地建设必须立足于本系（院）学科专业建设和学生实训需要；生产性实训基地必须具备符合职业岗位要求的课程内容，体现新知识、新技术、新工艺、新方法；生产性实训基地必须有完善的规章制度，专人管理，建立并形成良好的运行机制；生产性实训基地必须引入企业文化，宣传企业文化，营造良好的企业文化氛围。表4-1为校内生产性实训基地评选标准。

表4-1 校内生产性实训基地评选标准

一级指标	二级指标	主要观测点	分值	评选标准 A（等级系数为1.0）	评选标准 C（等级系数为0.5）	评选方式
A.实习管理（20）	建立情况	建立时间	3	基地建立3年（含3年）以上	基地建立1年（含1年）以上	查阅协议书及有关资料
	稳定性	基地合作协议	4	合作协议规范，合作内容多样	有基地合作协议，合作内容单一	
		基地建设规划	3	有实习基地建设规划，建设目标和内容明确，建设标准高，并付诸实施	有实习基地建设规划，但目标欠明确	
		基地使用状况	4	实际使用3年（含3年）以上，稳定性强	实际使用1年（含1年）以上	
	管理	规章制度	3	有健全的管理规章制度	有相关的管理规章制度	
		资料保存	3	相关资料保存完整	仅保存部分相关资料	

---

① 段向军，王春峰，黄丽娟. 高职院校智能制造专业群校内实训基地建设[J]. 实验室研究与探索，2023，42（8）：237-241.

续表

一级指标	二级指标	主要观测点	分值	评选标准 A(等级系数为1.0)	评选标准 C(等级系数为0.5)	评选方式
B.实习条件(20)	设施与环境	场地规模	3	一次能安排实习学生15人(含15人)以上	一次能安排实习学生5人(含5人)以上	实地考察及查阅材料
		仪器设备	3	仪器设备配套齐全,应用状况良好,满足实习教学需要	仪器设备配套基本齐全,基本满足教学需要	
		食宿状况	2	有食宿地点,卫生状况良好,适合学生的消费水平	食宿地点基本满足学生需要	
		环境状况	3	实习场地及周围环境状况良好,无危害人体的有害因素	实习场地及周围环境状况一般	
		安全状况	3	重视安全工作,有相应的安全措施与安全管理规定,从未发生过任何安全事故	有相应的安全措施与管理规定,未发生过较大的安全事故	
	指导教师配备	指导教师数量	3	基地指导教师与实习学生比达到1:5	基地指导教师与实习学生比达到1:10	
		指导教师质量	3	具有中级以上职称的指导教师达到50%(含50%)以上	具有中级以上职称的指导教师达到30%(含30%)以上	
C.实习文件(20)	实习大纲与指导书	大纲与指导书	6	有规范明确的实习教学大纲和指导书	没有规范的实习教学大纲或指导书	查阅文件及实地抽查
		PPT与音像文件	6	有指导学生实习的详细PPT、音像文件	PPT、音像文件不全	
	实习计划	实习计划制订与执行	8	有与实习基地实际情况相配套的详细的实习计划,操作性强,且执行情况良好	有与实习基地实际情况相配套的实习计划;基本能保证实习质量	

续表

一级指标	二级指标	主要观测点	分值	评选标准		评选方式
				A(等级系数为1.0)	C(等级系数为0.5)	
D.实习效果（20）	实习效果	实习教学效果	5	有开展因材施教、具有开发潜能的项目，并取得良好的效果	有实习项目，效果一般	实地访谈学生、座谈及问卷调查
			5	学生撰写出高质量的实习报告	学生撰写的实习报告基本合格	
			5	90%（含90%）以上学生对基地满意	60%（含60%）以上学生对基地满意	
			5	实习基地对90%（含90%）以上学生的表现满意	实习基地对60%（含60%）以上的学生表现满意	
E.产学研融合（20）	教学改革与社会效益	教学改革成效	10	参与学校实践教学改革、专业建设、课程建设等，且承担较大的工作量，贡献度较大	参与学校实践教学改革、专业建设、课程建设等，参与程度低	查阅有关资料
		开展项目合作与技术服务	10	与教师合作开展项目并取得较好成效	联合开展项目成效欠佳	

4.1.2 建设虚拟仿真实训平台，打造沉浸式体验

2020年9月，教育部职业教育与成人教育司发布的《关于开展职业教育示范性虚拟仿真实训基地建设工作的通知》（教职成司函〔2020〕26号）提出：建设职业教育虚拟仿真实训基地，既是改革传统教学育人手段，推进人才培养模式创新的迫切需要，也是强化教学、学习、实训相融合的教育教学活动，有效弥补职业教育实训中看不到、进不去、成本高、危险性大等特殊困难的重要措施。为此，应以社会和市场需求为导向，用新思路、新机制、新模式，融合多方资源，探索建立院校主导、企业协同、各具特色的实训基地创新建设模式，搭建校企合作桥梁。

1. 虚拟仿真平台建设原则

（1）立德树人，科技引领。坚持立德树人根本任务，坚持职业类型教育德技并修育人理念，坚持为企业量身打造现代工匠、为国家潜心培养合格人

才的办学宗旨，对接国家和企业人才需求，建设共享性虚拟仿真教学资源体系，深化"三教改革"。助力职业院校实现立德树人这一教育目标，为社会主义现代化强国建设培养合格的后备力量和储备人才。

职业性和实践性是职业教育的两大显著特点，实训教学是培养学生创造能力、开发能力、独立分析和解决问题能力，全面提高高职学生素质的重要教学环节。对于专业课程的重点、难点部分，实训操作往往达不到理想的效果。依托虚拟现实和人工智能等新一代信息技术可不断提升应用水平，将信息技术和实训设施深度融合。在学校现有实训基地基础上，通过引入虚拟现实、增强现实、混合现实、人工智能、大数据等新一代信息技术，以实带虚、以虚助实、虚实结合，建设符合要求并满足需求的虚拟仿真实训教学场所，搭建虚拟仿真实训系统，突出感知性、沉浸性、交互性，最终形成"理论学习＋虚拟训练＋真技实操"的高效教学和实训场所。

（2）教学创新，育训结合。充分考虑专业交叉实训和社会培训的不同特点，兼顾实训课程的专业性和兼容性，建设与虚拟仿真相适应的实训教学课程体系，合理确定实训教学内容，研究开发实训教学资源，打造高水平教学团队，优化人才培养方案和实训方式。虚拟仿真实训基地可面向企业和社会开设各种相关的培训课程，承担区域产业技术人才培训和继续教育任务，推动教学改革成果的应用性转化，将虚拟仿真应用技术研发方向和研发成果聚焦在对重点专业的应用上，聚焦在教学模式的创新上，聚焦在对全校师生信息素养的提升上。

（3）统筹规划，分步实施。统筹考虑现有实训基地建设基础、专业建设基础、师资能力以及学校未来人才培养发展规划，结合专业特点逐步搭建虚拟仿真实训环境、专业课程体系等。按阶段分步实施，采用先硬后软原则，搭建综合虚拟仿真实训基地，实现实训教学环境与虚拟实训情景的有机结合与衔接。着力加强"虚拟仿真应用技术＋对应专业"的课程建设、师资建设、人才培养和创新能力，打造科学合理的教学实训体系。

（4）科学管理，共建共享。通过智慧实训管理云平台，实现对智慧实训设备、资源的一站式管理，实现对学生实训、考核过程的全数据采集分析，全方位实现智能化。通过智慧实训云平台实现不同形式、不同专业、不同课程的实训环节的共管共享。构建全域数据支持体系，强化精准管理，提升管理理念。

为学校管理者提供面向教育数据仓库的数据分析展现，为教师提供助力教学全环节的数据跟踪服务和数据分析能力，为学生实现个性化推荐和定制服务，进而全面推进个性化教学和真正的形成性评价，建立满足各类角色的数据应用场景。建立区域共建共享机制，对虚拟仿真实训资源进行共享和持续开发应用，面向行业、对接产业、服务行业企业人才需求，助力区域经济社会发展。

2. 虚拟仿真基地的建设内容

（1）落实立德树人，健全德技并修。贯彻职业教育新发展理念，充分发挥教育引领示范作用，推动职业教育进一步坚持面向市场、服务发展、促进就业的办学方向，坚持工学结合、知行合一、德技并修，坚持培育和弘扬工匠精神，努力造就源源不断的高素质产业技能型人才大军，充分发挥我国复合型人才资源培养优势。虚拟仿真实训基地建设，坚持将思政教育融入实训教学，加强党史、新中国史、改革开放史和社会主义发展史四史教育，把社会主义核心价值观教育融入全过程，做好职业启蒙，弘扬工匠精神，提升现代职业教育质量，培育更多新时代的大国工匠、能工巧匠。

（2）服务区域产业，深化校企合作。虚拟仿真实训基地建设以服务地区产业发展为目标，坚持深化校企融合。将专业设置与产业结构相对接，聚焦地区重点产业发展，开设特色课程，服务地区经济发展。专业建设随着经济发展、产业结构调整而变化，因此须在社会服务和科学研究方面下功夫，提高人才培养适应性，优化以工作过程为导向的课程体系，以校企合作为平台，建立校企双向流动通道，做到知技融通，所学为所用。同时，承接相关产业企业职工岗位职业技能、岗位素养培训，服务地方产业发展。

（3）强化"三教"改革，提升教学质量。健全教材选用制度并完善教材管理制度，在教材内容中引入典型生产案例，体现新技术、新资源、新规范；专业课程设置符合产业需求并对接"1+X"证书制度，课程内容设置符合职业标准要求并体现职业特色，教学过程要与生产过程对接并突出实践性，加强"双师型"教师队伍建设。利用虚拟现实技术丰富教学内容，将技术技能应用训练搬到课堂中进行。依托虚拟现实技术独具的沉浸性、构想性、交互性的特点，弥补对复杂的、抽象的、不宜直接观察的自然过程和现象的教学实训，全方位、多角度地展示教学内容，形成立体化、可交互式的数字教材，改革教材形态，丰富教学内容，赋予教师教学新模式，打造富有感染性的交互场景，解决实训教学中的"三高三难"问题，提高教学质量。

（4）形成科学合理的管理与共享机制。为贯彻落实《国家职业教育改革实施方案》《职业教育提质培优行动计划》《关于开展职业教育示范性虚拟仿真实训基地建设的通知》，应大力发展"互联网＋职业教育"。利用大数据、物联网、人工智能、虚拟现实等新技术，结合职业教育产教融合、校企合作、工学结合等特点，采用"平台＋微服务"架构，建设智慧实训云平台，打通学校与学校、学校与企业、企业与企业之间的壁垒，实现多维度、强连接的互融互通，实现优质教学资源（通用教学资源＋VR/AR资源）的汇聚和共建共享；实现以学生为中心的现代化课堂改革，形成管理者、教师、学生的终身学习/进修机制和终身档案机制，支撑教育大数据驱动下的个性化和智能化服务体系，为企业和社会精准推荐技能型人才，逐渐构成未来职业教育的理想形态。

（5）打造"理虚实"一体化综合实训基地。深化产教融合，借助VR/AR/MR技术、人工智能技术、大数据技术等，构建职业教育云平台、虚拟仿真实训基地，结合实训车间，将理论教学、技能实操、虚拟仿真充分融合，实现"教学过程任务化、学生学习自主化、评价主体多元化"，助力学校教学实训，改革教材内容，提升教师信息技术水平，改革教学方法，形成符合教学规律的"理虚实"一体化教学模式。促进信息技术与职业教育教学深度融合，解决职业教育实训教学"高投入、高风险、高难度，难实施、难观摩、难再现"的问题。聚合专业虚拟仿真教育资源与服务，提供全新的功能特性与多样化的应用情境，还原真实岗位工作情境，构建教学环境，延展实训教学时间和空间、拓展实训教学内容广度和深度、提升实训教学质量和水平，建设区域特色示范性虚拟仿真实训基地，提升学校在区域内的知名度、影响力和综合竞争实力。

（6）打造高素质"双师型"师资队伍。深化教师队伍培养方式改革，打造校企协同创享中心，通过VR/AR/MR等前沿技术的引进，结合现有资源，为教师搭建创新教学实践平台，提供教师创新技术培训，提升教师的虚拟资源开发能力和信息化教学能力。面向专业高端人才培养，制定教师人才培养规划，搭建一套完善的职业院校教师培训体系，从VR软硬件操作、虚拟仿真资源脚本创作、虚拟仿真课程深度开发培训等方面入手，面向学校、区域乃至区域外开展虚拟仿真设备应用、虚拟仿真课程资源开发、虚拟仿教育教学能力培养，打造骨干型教师团队，实现学院教师职业素养的跨越式提升。

表4-2为虚拟仿真实训基地建设指标与建设内涵。

表4-2 虚拟仿真实训基地建设指标与建设内涵

一级指标	二级指标	指标内涵
1.基础建设	1.1 理念思路	（1）遵循职业教育改革与发展规律，按照现代职教体系建设要求，坚持以立德树人为根本，以服务发展为宗旨，以促进就业为导向，以政府为主导、行业企业为支撑、学校为主体，高质量对接区域主导产业、支柱产业、特色产业、战略性新兴产业，对接职业岗位群和专业技术领域，推进"互联网+"，优化资源配置，实现共建共享。 （2）基地建设调研论证充分，规划方案科学合理，体现规范化、集约化、信息化、国际化等现代化实训基地建设理念。 （3）基地服务专业群建设，服务产学研，服务创新创业教育，成为区域技术技能人才培养中心、技能教学研究中心、技术创新推广中心和创业孵化中心。
	1.2 设施设备	（1）基地建筑面积，理工类专业不低于1 500平方米，其他类专业不低于1 000平方米。按照所服务专业的学生数计算，生均面积不低于2.5平方米。 （2）基地布局合理，有相对独立的理论授课空间，基础性实训与生产性实训相对分开，便于开展理实一体化教学。实训场景与现代企业生产服务场景接近，有机融合传统文化、企业文化，有专业技术发展历史、安全生产规程、环境保护知识等专业文化环境。实训场所符合相关建设标准，无安全隐患。 （3）设施设备配置合理，满足基础性实训、生产性实习、中高职衔接试点项目和现代学徒制项目培养需要，满足技能教学研究、社会培训、技能鉴定、生产与技术服务和创业孵化项目需要。部分设备达到行业企业先进水平，满足产学研、技术创新需要。专业核心技能实训设备数量充足，满足教学需要。有全国或省级技能大赛设备，具备承办市级技能大赛的条件。生均仪器设备值，理工医类专业不低于8 000元，其他类专业不低于5 000元。近两年新增仪器设备，理工医类专业不低于200万元，其他类专业不低于120万元。设备完好率95%以上。

续表

一级指标	二级指标	指标内涵
1.基础建设	1.3 信息化建设	(1)建成数字化教学环境,实现信息点全覆盖、百兆带宽到桌面,网络安全、运行稳定;计算机数量配备达标,满足实习实训教学和管理需要。有1个以上数字化技能教室,具有必要的技能训练实物装备、支持技能训练的虚拟仿真训练软件、与相关工场对接的信息通道、实时摄录像设备和考试考核平台。有1个以上虚拟仿真实训室,具备仿真实训虚拟环境。具有与国家职业标准目录对应的数字化职业体验馆,或能进行数字化信息浏览的实物展示场馆。特定专业建有互动体验室,具备视景系统和仿真系统。 (2)建有与专业教学配套的数字化实习实训平台和技能教学资源库,有校本数字化实习实训教学资源。 (3)师生具备信息化应用能力。教师利用数字化教学资源开展实习实训活动,引导学生利用信息技术进行学习。学生利用网络获取和应用数字化实习实训资源,改进技能学习和训练方法,提高技能训练效率。
	1.4 教学团队	(1)基地负责人具有相关专业本科以上学历,教师系列具有中级以上职称,技师以上职业资格或非教师系列具有相关专业中级以上技术职称,从事本专业实践教学4年以上;熟悉行业和本专业发展现状与趋势,经常性参加行业企业的相关活动;是市级以上专业带头人或省职业教育教科研中心组成员或省职业教育领军人才,或是省、市级技能教学研究基地、优秀教学团队、名师工作室或技能大师工作室等的主要成员;获得市级以上技能大赛、信息化教学大赛或创新大赛奖项,或主持产学研、技术创新或创业孵化项目。 (2)基地所服务专业的专任专业教师与在籍学生之比不低于1∶30。专任专业教师均具有相关专业本科以上学历,20%以上具有研究生学历或硕士以上学位;25%以上具有高级职称;80%以上具有与专业相关的高级工职业资格;50%以上具有与专业相关的技师以上职业资格、行业执业资格或非教师系列中级以上技术职务。每位教师每2年赴企业实践时间不少于2个月。依托基地建有1个以上名师工作室或技能大师工作室。聘请有实践经验的企业专家、工程技术人员、能工巧匠担任兼职教师。 (3)基地配有专兼职管理人员,其中专职管理人员不低于管理人员总数的20%。管理人员具有大专以上学历、技师以上职业资格或非教师系列相关专业中级以上技术职称,累计有1年以上的企业实践经历,能做好实训基地常规管理、设施设备日常维保和简单维修工作,并辅助专业教师开展技能教学。

续表

一级指标	二级指标	指标内涵
2.运行管理	2.1 管理机制	(1)融合企业管理理念,渗透企业管理文化,建立由行业、企业、学校共同参与的管理体制。在校、系(部)二级管理体制下,设立专门的实训基地管理机构,人员配置合理,职责分工明确,考核、评价、奖惩制度健全。 (2)基地管理制度健全,有设施设备、实训耗材等物资管理制度,实训教师、学生等人员管理制度,劳动保护、安全操作等生产管理制度,技能教学研究、产学研等科研管理制度。应急预案齐全、科学、可行。 (3)管理制度执行规范、有效,实施信息化管理。设备采购程序规范,资产管理账物相符、处置规范,实训室及设备使用与维护有计划、有记录。耗材领取、产品入库有登记。
	2.2 教学运行	(1)建立实践教学质量保障体系。有规范完备的实践教学计划、课程标准、技能教学教材等教学文件。实习实训开出率100%,自开率95%以上;实训室学年平均利用率60%以上。对教学文件、实习实训项目及相关资源、教学过程进行信息化管理。 (2)建立评价主体多元、方式多样的评价体系,重视过程性评价和形成性评价,对接职业资格标准,强化综合实践能力考核。学生实习实训评价实行信息化管理。 (3)依托基地开展国际交流与合作,有计划地学习和引进国际先进、成熟适用的人才培养标准、专业课程、教材体系和数字化教育资源,深化技能教学改革,推进与国际通用职业资格证书要求的衔接。
	2.3 生产运行	(1)在保证学生基础及核心技能培养的前提下,主动承接企业生产服务"订单",推进企业生产和学生实习实训有效对接。 (2)围绕专业面向的职业岗位核心技能,结合市场需求,对接企业生产过程、工艺要求、管理规范,有稳定的"实习产品",并逐步走向市场,取得经济效益,实现消耗性实习向生产性实习的转变。 (3)基地生产过程实行信息化管理。
	2.4 科研运行	(1)依托基地开展技能教学理论和实践研究,推广技能教学研究成果。近3年获得市级以上教学成果奖,或开发2个以上技能教学项目。 (2)深化校企合作,积极申请和承担科研项目、课题研究、学生创业孵化项目。近3年,基地所服务的专业有3个以上产学研、技术创新推广项目,或围绕技能教学、基地管理等方面的市级以上研究课题;有2个以上以学生为主体、与专业相关的创业孵化项目。 (3)科研经费及时足额划拨,使用规范、透明。

续表

一级指标	二级指标	指标内涵
3.服务成效	3.1 人才培养	(1)近3年,基地所服务专业的毕业生数年平均不低于60人。中职毕业生95%以上取得与专业相关的中级工职业资格证书,20%以上取得2个以上中级工证书,或70%以上获得相关行业执业资格证书(个别特殊专业除外)。五年制高职毕业生95%以上取得与专业相关的中级工职业资格证书,80%以上取得高级工以上证书,或80%以上获得相关行业执业资格证书(个别特殊专业除外)。 (2)近3年,基地所服务专业的学生获省级以上技能大赛或创新、创业大赛二等奖以上奖项,有依托基地的创业孵化项目。 (3)近3年,基地所服务专业的毕业生就业率95%以上,对口就业率75%以上,就业创业典型多。
	3.2 教师发展	(1)近3年,20%以上教学团队成员主持市级以上课题或横向课题研究并有阶段性成果,或60%以上教学团队成员有与专业技能教学、产学研、技术研发与推广相关的论文在省级以上刊物发表或获奖。 (2)近3年,20%以上教学团队成员主持或参与技术研发、技术服务,获得专利或市级以上奖项,或在省级以上专业教学类竞赛中获二等奖以上奖项,或指导学生参加省级技能、创新、创业等大赛获二等奖以上奖项,或指导学生创业孵化项目取得实效。
	3.3 社会服务	(1)为其他学校学生、企业职工、军转人员、社会人员开展技术技能培训,年培训人数与基地所服务专业的在校生数大致相当,技能鉴定人数不低于200人次/年。 (2)近3年承办过市级以上技能大赛,或依托基地开展市级以上教学研究活动。 (3)为区域内企业开展技术服务,参与解决生产、技术难题,共同研制开发企业新产品。 (4)开展生产加工、各类技能培训、技术研发与服务、职业技能鉴定等取得良好的经济效益。实际到账资金不低于30万元/年。
特色创新		实训基地建设在技术技能人才培养中心、技能教学研究中心、技术创新推广中心和创业孵化中心建设方面进行探索创新,成绩显著,特色鲜明,体现规范化、集约化、信息化、国际化建设理念,经验模式具有较大的推广价值。

4.2 共筑科研创新平台，促进产业高质量发展

4.2.1 建设科技服务创新平台，构建校企命运共同体

建设技术技能创新服务平台，是高职院校在推进"双高"计划中的重要任务，也是其服务地方经济发展的重要抓手。"双高"计划为技术技能创新服务平台设定了类型、服务对象和建设目标。

高职院校要在"双高"计划的引领下，在深化产教融合的基础上，对接市场需求，打造技术技能创新服务平台，设计并推出多种服务方式，促使更多科技创新成果实现转化，促进产业升级，提升科研水平，培养地方建设所需要的专业化技术技能人才，服务地方经济高质量发展。

1. 科技服务平台建设途径

（1）精准定位，明确平台建设方向。在建设技术技能创新服务平台问题上，高职院校要做好顶层设计，找准平台建设方向。要研判区域经济发展趋势，了解区域经济发展需求，发挥自身教育资源优势，推动技术技能创新服务平台建设。[1] 从现实来看，高职院校不适合搞高大全的平台建设，应按照"双高"计划的要求建设专业群，以专业群建设为切入点，以专业群建设方向为技术技能创新服务平台建设方向，充分发挥专业集群效应，形成拳头与核心竞争力，进而发挥其示范引领作用，以点带面，以产教融合、校企合作为基础，建设技术技能创新服务平台，并扩展服务范围、创新服务方式，不断提升平台影响力，以更好地服务地方经济发展。

（2）融合创新，构建校企命运共同体。高职院校在服务地方环节上必须找准对接点，找到合作方。只有与行业企业开展长期稳定的合作，才能实现自身健康发展，才能将技术技能创新服务平台建设引向深入。"双高"计划提出：创新高等职业教育与产业融合发展的运行模式，精准对接区域人才需

---

[1] 丁青艳，王英龙，尹翀，等．区域综合科技服务平台智慧生态服务模式研究[J]．科学管理研究，2022，40（3）：99-106．

求，提升高职学校服务产业转型升级的能力，推动高职学校和行业企业形成命运共同体。校企命运共同体即高职院校和企业是你中有我、我中有你的关系。这是在"政府统筹管理、多元参与"的办学格局下，产教融合的新目标。在政府统筹管理下，高职院校要主动出击，寻求合作，以项目为抓手，与企业建立技术协作关系，积极推动产教融合，吸引行业企业深度参与。要发挥专业群资源优势，推出更多科研成果，并加速技术成果转化，满足企业和市场需求。为此，可探索设立科研成果管理机构、科技企业孵化机构，如创新创业学院、大学生科技园等，设立技术转移转化管理机构，如知识产权服务中心等，营造良好的科技成果转化环境，实现校企双方科技成果转化体系融合。高等职业院校要通过生产工艺开发、人才培养培训、大师工作室建设、智库决策咨询等服务，拓展成长空间，与行业企业联动，使产学关系融洽，实现校企双方科技服务融合。

(3) 汇聚人才，组建科技服务团队。人才是第一资源。高职院校要聚集起一批专业人才，打造一个科技创新服务团队，以支撑技术技能创新服务平台高效运转。一方面以专业群为基础，选拔、引进一两名创新能力强的研发带头人，聚合一批具有创新精神的专业教师和行业企业的高级专业技术人员，组建一个跨专业、跨领域的高水平创新团队，并给予专业群带头人、大师级工匠、科研平台领军人物决策权，以提高技术技能创新服务平台管理成效。另一方面，构建灵活的用人机制，采用自己培养、选拔，与企业合作培养、选拔，柔性引进，临时聘用，设置助理岗位等方法聚拢人才，满足平台运作需求。通过培养和引进，建设一支包括专利分析师、技术转移经理人等专业人员在内的科技转化从业人员队伍，保证其具备技术开发、法律、财务、企业管理、商业谈判等方面的复合型专业知识和服务能力。此外，还应与企业联合设立科研监管评价机构，对平台运作和科研活动进行有效评价，及时提出可行的改进措施，完善科研容错纠错机制，降低试错成本。

2．基于科技服务的创新平台建设方案

以下以苏州外包为例。

(1) 平台研究方向。为贯彻与落实国家中长期科学和技术发展规划，积极融入"以企业为主体、市场为导向、高校和科研机构为技术依托、产学研结合"的科技创新体系，助推园区产业创新集群高质量发展，提升区域科技创新水平，夯实高等职业院校为社会提供服务之功能定位，依托单位现有平台（科技创新服务中心）实施服务质量提升工程，重点面向园区人工智能、智能制造、大数据等战略性新兴产业，打造科技咨询与服务领域的实务型人才团队，为政府、企事业单位提供产业创新态势分析、企业技术定位、技术路线选择、创新布局、专利预警、科技成果转移转化、技术创新服务培训等基于创新研发全生命周期的科技创新服务。

（2）平台建设目标。科技创新服务中心定位于为人工智能等战略性新兴产业科技创新提供支撑与服务，短期建设目标是将科技创新服务中心打造成园区科技创新专业化服务优质品牌，为区内科技创新企业提供专业化定制服务，在区内形成良好的口碑；远期目标是将科技创新服务中心打造成市级科技创新服务平台，整合政府、科技创新企业、高校院所、服务机构等创新要素，打造成市内协同创新服务优质品牌。

（3）平台建设任务。根据人工智能、大数据等电子信息产业创新集群建设纲要，围绕园区"智改数转"建设项目，科技创新服务中心面向政府、行业企业、高校院所等多维度的建设任务如下。

为政府部门提供科技产业竞争格局、全景图谱、政策比较等研究与咨询，旨在为政府部门制定产业发展规划、优化产业结构、培育产业独角兽企业等决策提供咨询。

为各类企业技术研发创新提供基于研发生命周期的技术创新咨询与服务，具体包括研发前的产业与技术竞争态势分析、技术演化路径分析，研发中的技术挖掘与布局、技术支持、技术规避预警、技术对标分析，研发后的技术侵权风险预警、专利无效、竞争对手持续技术跟踪等研究与服务，积极寻求科技创新的痛点和需求，解决企业定制化需求，为企业技术创新研发提供专业化的高质量创新服务。

为高校院所提供科技成果转移转化经纪服务，深度对接产业需求方和院校供给方，打通科技成果转化"最后一公里"，提升在苏高校院所创新成果的转化效能。

为行业企业提供基于创新研发全生命周期的创新服务培训与公益讲座，包括科技创新检索与分析、创新布局与预警、核心技术路线识别等定制培训，以提升区域产业创新绩效。

依托产业创新数据平台，构建面向人工智能产业创新的数据源，并随着产业的创新发展持续更新与完善，为区内各创新要素获取产业创新信息提供数据支撑与服务。

基于科技服务的创新平台建设任务分解如表 4-3 所示。

表 4-3 基于科技服务的创新平台建设任务分解

建设任务分解	具体指标
1. 为政府部门提供产业创新服务	1.1 获得市厅级以上纵向课题立项 4~5 项
	1.2 发表学术研究论文 10 篇
	1.3 获得录用（批示）内参研究报告 2 篇
	1.4 出版科技创新相关学术专著 1 部
	1.5 获得市级以上科研奖项 1 项
2. 为行业企业提供科技创新服务	2.1 联合申请/授权发明专利 4~5 件
	2.2 获得横向合作课题 10~15 项
	2.3 获得企业科技创新服务到账经费 150 万元
	2.4 提供企业专题培训 10 场次
	2.5 服务产学研成果转移转化 10 单，转化市场规模 1 000 万元以上
	2.6 举办学术交流会议 1 场次
	2.7 新增企业准捐赠软件 200 万元
	2.8 新增研发场地面积 360 平方米
3. 团队建设	3.1 获评区级人才工程 2 人次
	3.2 获得职称晋升 2 人次

4.2.2 建设高校工程技术研究中心，促进科研成果产业化

高校工程技术研究中心是国家科技创新体制建设和国家科技发展计划的重要组成部分，主要依托于行业优势突出、科技实力雄厚的高校院所组建，拥有较强的工程技术研究开发、设计和实验专业人才队伍，较完备的工程技术综合配套实验条件，能够提供多种综合性服务，与相关行业联系紧密。相较于一般的工程中心，高校工程技术研究中心通过高校基础研究和应用研究的有机衔接，成为高校与企业之间技术转移、合作交流与互动的重要载体，是衔接两者的中间纽带，也是行业科技成果的聚集地和行业工程化技术的扩

散源。① 通常，立足于高校的工程技术研究中心拥有相对更加先进的实验仪器与设备和相对更高学历与学术背景的人才队伍等，能够更快地将实验室科研成果进行工业化转化。

《江苏省工程技术研究中心管理办法》提出，工程中心的建设以产业科技创新为目标，其主要作用是开展工程技术研究、试验和成套技术服务，开发产业发展中的共性与关键技术，持续提供成熟配套的技术、工艺、装备和产品，促进成果转化和技术辐射，带动相关行业的技术提升与科技进步，增强产业技术创新能力和市场竞争力。工程中心的主要任务包括：（1）根据经济建设和市场需求，针对行业内重大技术问题进行攻关，在自主创新与引进基础上创造新成果、开发新技术，并进行工程化研究，为产业化提供成熟配套的技术、工艺、装备和新产品；（2）接受行业或部门以及企业、高等院校、科研机构等单位委托的工程技术研究、设计、试验和成套技术服务，并为成果推广提供咨询；（3）培养、聚集相关专业高层次工程技术和管理人才，为行业或企业提供工程技术人才培训；（4）开展多种形式的国际国内科技合作与交流，开展标准制定和行业信息服务，促进行业与领域的技术发展。

高职院校工程技术研究中心建设的作用如下。

（1）增强优势学科的创新能力。高职院校工程技术研究中心是依托高职院校优势学科，并结合了本行业优势资源的学科与行业的综合体。高职院校工程技术研究中心开展重大关键性、基础性和共性技术问题研究，提高工程化研发平台水平，进而服务行业，解决企业生产过程中出现的问题，培养和锻炼本团队的研究人员。这种在解决问题中获得的创新能力反作用于本学科的教学和科学研究，进而带动优势学科的发展，并辐射和带动相关学科。

（2）提供科技创新平台，形成高水平人才队伍。高职院校工程技术研究中心将高职院校的基础研究和应用研究有机衔接，把最新的科技创新成果转化为相关行业、企业的生产力，理论与实践相结合，促使学校课程结构的改进，改善人才培养模式，促进科技领域领军人才和核心人才的培养，尤其是高层次创新人才的培养，进而为企业和社会培养并输送大批优秀科技人才。

---

① 冯炜，徐乐毅，邢小军，等.重点工程建设单位中心实验室的作用与实施技术方案［J］.水利水电技术，2024，55（A1）：290-295.

高职院校工程技术研究中心因依托高校建设，聚集了大批优秀科技人才，并建立和完善了科技人才创新、创业激励机制，形成了一批优秀的科研团队。高职院校工程技术研究中心与企业进行相关合作，企业将自己的员工派到中心进行培养深造，使其掌握行业的相关技能，更好地为企业发展提供技术服务。

（3）促进产学研的结合，加强对外交流。高职院校工程技术研究中心打破了传统机制的束缚，开放的管理机制为科研人员提供了更为广阔的舞台，调动了科研人员的积极性，使科研人员充分参与到学校开展的校企合作项目中。同时，促使科研人员走到企业的第一线，了解市场需求，修正研发方向，更好地使高校的科技成果向现实的生产力转化。理论与实践的结合，促使项目在申报、立项、开发过程中紧紧围绕现实需求，顺利推进科技成果工程化和产业化，加快科技进步与高新技术企业的培养，有利于产学研的紧密结合。企业与高职院校成立工程中心，形成了长期的合作机制，并获得了长久的技术支撑，同时又可为企业培养大批高水平、高素质的工程技术人才。

（4）促进科技成果向生产力转化的驱动。高职院校工程技术研究中心主要从事高科技成果的研究、开发与产业化，生产高附加的科技产品。高职院校拥有先进的科研基础设施、高水平的人才队伍和前沿的科技研究方向，长期从事科学研究，积累了一大批可供转化和推广应用的科技成果，能不断推出新成果、新技术、新设备，有利于高职院校工程技术研究中心向高科技产业纵深发展，更好地带动相关产业的创新发展。

4.3 案例分享：建设金融大数据虚拟仿真实训平台，赋能专业群数字化升级

4.3.1 金融大数据虚拟仿真实训平台建设思路

苏州外包金融大数据示范性虚拟仿真实训基地坚持"强化特色办学、服务地方经济"的建设思路，依托虚拟现实和人工智能等新一代信息技术不断提升应用水平，将信息技术和实训设施深度融合，打造具有职业教育特色的

虚拟仿真资源共享平台和具有改革创新、引领示范作用的高素质技术技能人才培养高地，解决院校人才与行业人才需求不匹配的产需失衡问题。

金融大数据示范性虚拟仿真实训基地在学校现有实训基地条件基础上引入虚拟现实、增强现实、混合现实、人工智能、大数据等新一代信息技术，建设符合要求并满足需求的虚拟现实教学场所，搭建虚拟现实系统，突出感知性、沉浸性、交互性，最终形成"理论学习+虚拟训练+真技实操"为一体的高效教学和实训场所。在《职业教育示范性虚拟仿真实训基地建设指南》的指导下，基地规划建设三大中心：虚拟仿真教学实训中心、虚拟仿真共享体验中心、虚拟仿真研创应用中心。三大中心将集中建设虚拟仿真实训区、虚仿共享体验区、虚仿内容创研区、虚仿桌面交互区、虚仿沉浸体验区、虚仿资源管理区、智能中控区等多个区域，同时配套多类型虚拟仿真内容资源课程（类型包括但不限于：3D数字化资源、AR/VR/MR数字化资源、微课、题库、工作式手册、活页式教材）等。虚拟仿真实训基地在人才培养方面以岗位实战知识技能为导向，充分考虑实际工作岗位对于专业实务知识与操作技能的要求，将理论学习和实践结合起来，将技能实践融入课堂教学，创新人才培养模式，趣味式驱动教学。变被动学习为主动参与，调动学生学习的积极性与主动性。虚拟仿真实训基地充分借助"数字+教育""智慧+教育""XR+教育"，以学生为中心，探索智慧教学，进一步提升教师的信息化教学能力，打造"双师型"教学团队。

4.3.2 金融大数据虚拟仿真实训平台建设内容

1. 建立虚拟仿真资源共享平台

建设"金融大数据"为核心的虚拟仿真资源共享平台，打通学校与学校、学校与企业、企业与企业之间的壁垒，实现多维度、强连接的互融互通，实现优质教学资源（通用教学资源+VR/AR资源）的汇聚和共建、共管、共享机制，实现以学生为中心的现代化教学改革，形成管理者、教师、学生的终身学习、进修机制和终身档案机制，支撑教育大数据驱动下的个性化和智能化服务体系，为企业和社会提供精准推荐的技能型人才供给，逐渐构成未来职业教育的理想形态。

该平台的目标就是高效管理实验教学资源，实现校内外、本地区及更广范围内的实验教学资源共享，满足多地区、多学校和多学科专业虚拟仿真实验教学的需求。平台要实现学校购置的所有实验软件统一接入和学生在平台上进行统一实验的目的，须通过系统间的无缝连接，达到一个整体的实验效果。

2. 建设虚拟仿真实训基地空间环境

在学校现有的虚拟仿真实训资源基础上，利用VR/AR/MR技术，建设虚拟仿真实训基地，兼顾传统仿真技术与虚拟现实技术的融合贯通，以虚补实，全面整合学校虚拟仿真教学、实训、培训资源，形成"理虚实"一体化创新实训体系。整个基地建设融合了多种先进技术，结合沉浸式VR大屏交互显示设备、VR头盔、VR桌面式一体机等硬件设备，使得基地建设硬件形式丰富，软件功能完善，为各专业师生提供了丰富的教学、实训手段和平台。各软硬件系统采用分布式数智物流，各子系统之间不存在直接调用关系，能够方便、快捷地升级或修改模块，将对其他部分的影响降到最低。建设基地包含的软件、硬件系统均预留合理的二次开发接口，在教学资源不断丰富、硬件设备不断扩充的情况下与硬件实现对接。

3. 建设虚拟仿真共享体验中心

对部分成果展示应用分发平台、行业展示资源库、VR一体机、ART-ABLE、3D桌面式一体机、虚拟现实无线推流软件、VR工作站、显示器、路由器等软硬件产品，采用3D LED大屏、文化墙、创意环境设计方式，整体介绍虚拟仿真实训基地，重点突出实训基地的定位、建设目的和主要功能区，以及日常运营和教学成果。主要功能区包括爱国思政教育体验区、工匠精神体验区、安全教育体验区、科普教育体验区四个体验区。

4. 建设虚拟仿真研创应用中心

搭建起桌面式虚拟现实操作平台，搭配增强现实AR软件、摄像头及支架，通过VR/AR自由切换的模式给学生提供深度的可视化数字化学习体验，以金融、会计为3D原型，还原真实的不同专业的环境，复现相关场景，将复杂抽象的概念简单立体化，加速专业学生的理解和领悟，增强学生学习的自信心。搭建起沉浸式VR移动便携交互显示系统，由合作企业方安排专业技术工程师对学生进行授课指导，除带领团队对虚拟现实技术进行研发外，还可带领学生承接相关的虚拟现实技术项目，进行实战演练。

4.3.3 保障机制护航，助推专业群数字化转型

1. 建立校企共同参与的保障机制

校企共同成立虚拟仿真实训基地建设项目小组，由学校分管校领导担任组长，小组成员包括二级院系和相关职能部门负责人及行业企业、院校专家，对建设项目实行分类管理。组建由行业企业、院校专家及学校分管领导和各相关职能部门人员组成的项目建设指导委员会，开展多轮项目专家论证，确保基地初期规划、中期执行、后期运营等方面无偏差。

2. 构建科学考评的评价激励机制

实行科学、全过程考核评价机制，对虚拟仿真实训基地成员坚持定性与定量考核相结合的要求，坚持过程考核与终结性考核相结合的要求。动态调整考核制度、考核组织和评价体系。落实考核激励机制，项目建设负责人动态检查每个组及成员建设进度和建设成果。

第 5 章

打造高水平"双师"队伍，高质量实施"双高"建设

高水平、结构化"双师"教学创新团队建设既是"双高"计划的重要目标，也是引领新时代高职院校高素质"双师型"教师队伍建设、深化"三教"改革的关键和保障。① 2023 年 6 月，教育部公布了首批国家级职业教育教师教学创新团队名单，提出要以职业院校教师教学创新团队建设为重要抓手，深化教师队伍建设改革，充分发挥国家级团队示范引领作用，带动省级、校级团队整体规划和建设布局，逐步形成覆盖骨干专业（群）、引领教育教学模式改革创新、推进人才培养质量持续提升的团队网络。

打造高水平"双师"队伍，要充分依托产业学院，以国家专业群建设为载体，积极对接产业链，服务区域产业发展，发挥"双高"计划下专业群、高技能人才培训基地雄厚实力，以开发"双师"教学创新团队能力模型为引领，建设对标国际、具有中国特色的高水平"双师"团队。

5.1 调研师资队伍现状，分析师资队伍建设问题

5.1.1 "双高"计划下师资队伍建设现状分析

职业教育改革创新，高水平师资队伍建设是关键。教师队伍是发展职业

---

① 郑雁. 高质量发展背景下高职师资队伍现状分析与发展路径：以浙江省为例[J]. 职业技术教育，2022，43（36）：58-64.

教育的第一资源,是支撑新时代国家职业教育改革的关键力量。① 要大力提升职业院校教师队伍建设水平,落实立德树人的根本任务,提高教师教学能力和专业实践能力,为实现我国职业教育现代化、培养大批高素质技术技能人才提供有力的师资保障。② 在产业学院背景下,校企紧密合作、深度融合是建设高水平师资队伍的关键,它能够推动学校与企业、行业、协会合作共建、共享人才、共用资源,形成命运共同体。通过企业深度参与教师能力建设,实现教师资源优势互补和有序流动,提升教师对职业教育发展的整体贡献度。

党的十八大以来,教师队伍建设改革取得了重大进展,教师思想政治和师德师风建设持续强化,中国特色高水平教师教育体系初步建立;教师队伍建设体系进一步完善,全国教师队伍实现了量质提升;教师管理综合改革走向深化,教师的地位和待遇不断提高;教师队伍人才建设取得重要突破,教师工作与信息化不断融合创新,全社会尊师重教氛围持续浓厚。

1. 全面加强师德师风建设,实施师德师风建设工程

提高思想政治素质。加强理想信念教育,深入学习领会习近平新时代中国特色社会主义思想,引导教师树立正确的历史观、民族观,坚定中国特色社会主义道路自信、文化自信。引导教师准确理解和把握社会主义核心价值观的深刻内涵,增强价值判断、选择、塑造能力,带头践行社会主义核心价值观。引导广大教师充分认识中国教育辉煌成就,扎根中国大地,办好中国教育。加强中华优秀传统文化和革命文化、社会主义先进文化教育,弘扬爱国主义精神,引导广大教师热爱祖国、奉献祖国。创新教师思想政治工作方式方法,开辟思想政治教育新阵地,利用思想政治教育新载体,强化教师参与社会实践,推动教师充分了解党情、国情、社情、民情,增强思想政治工作的针对性和实效性。着眼青年教师群体特点,有针对性地加强思想政治教育。

加强教师党支部和党员队伍建设。将全面从严治党要求落实到每个教师

---

① 余姗姗,何少庆. "双高计划"背景下高职院校国际化发展的导向、问题与对策 [J]. 教育与职业,2020(10):33-39.

② 隋秀梅,高芳,唐敏. "双高"背景下高职院校"双师型"教师教学创新团队建设研究 [J]. 中国职业技术教育,2020(5):93-96.

党支部和教师党员,把党的政治建设摆在首位,用习近平新时代中国特色社会主义思想武装头脑,充分发挥教师党支部教育管理监督党员和宣传引导凝聚师生的战斗堡垒作用,充分发挥党员教师的先锋模范作用。选优配强教师党支部书记,注重选拔党性强、业务精、有威信、肯奉献的优秀党员教师担任教师党支部书记,实施教师党支部书记"双带头人"培育工程,定期开展教师党支部书记轮训。坚持党的组织生活的各项制度,创新方式方法,增强党的组织生活活力。健全主题党日活动制度,加强党员教师日常管理监督。推进"两学一做"学习教育常态化、制度化,开展"不忘初心、牢记使命"主题教育,引导党员教师增强政治意识、大局意识、核心意识、看齐意识,自觉爱党护党为党,敬业修德,奉献社会,争做"四有"好教师。重视做好在优秀青年教师、海外留学归国教师中发展党员工作。健全把骨干教师培养成党员,把党员教师培养成教学、科研、管理骨干的"双培养"机制。

2. 大力提升教师素质,建设一支高素质教师队伍

全面提高职业院校教师质量,建设一支高素质"双师型"教师队伍。继续实施职业院校教师素质提高计划,引领带动各地建立一支技艺精湛、专兼结合的"双师型"教师队伍。加强职业技术师范院校建设,支持高水平学校和大中型企业共建"双师型"教师培养培训基地,建立高等学校、行业企业联合培养"双师型"教师的机制。切实推进职业院校教师定期到企业实践,不断提升实践教学能力。建立企业经营管理者、技术能手与职业院校管理者、骨干教师相互兼职制度。

着力提高教师专业能力,推进高等教育内涵式发展。搭建校级教师发展平台,组织研修活动,开展教学研究与指导,推进教学改革与创新。加强院系教研室等学习共同体建设,建立完善传帮带机制。全面开展高等学校教师教学能力提升培训,重点面向青年教师尤其是新入职教师,为高等学校培育生力军。重视各级各类学校辅导员专业发展。结合"一带一路"建设和人文交流机制,有序推动国内外教师双向交流。支持孔子学院教师、援外教师成长发展。

3. 深化教师管理综合改革,切实理顺体制机制

深化高等学校教师人事制度改革。积极探索实行高等学校人员总量管理,严把高等学校教师选聘入口关,实行思想政治素质和业务能力双重考

察。严格教师职业准入,将新入职教师岗前培训和教育实习作为认定教育教学能力、取得高等学校教师资格的必备条件。适应人才培养结构调整需要,优化高等学校教师结构,鼓励高等学校加大聘用具有其他学校学习工作和行业企业工作经历教师的力度。配合外国人永久居留制度改革,健全外籍教师资格认证、服务管理等制度。帮助高等学校青年教师解决住房等困难。

推动高等学校教师职称制度改革,将评审权直接下放至高等学校,由高等学校自主组织职称评审、自主评价、按岗聘任。条件不具备、尚不能独立组织评审的高等学校,可采取联合评审的方式。推行高等学校教师职务聘任制改革,加强聘期考核,准聘与长聘相结合,做到能上能下、能进能出。教育、人力资源和社会保障等部门要加强职称评聘事中事后监管。深入推进高等学校教师考核评价制度改革,突出教育教学业绩和师德考核,将教授为本科生上课作为基本制度。坚持正确导向,规范高层次人才合理有序流动。

健全职业院校教师管理制度。根据职业教育特点,有条件的地方可研究制定中等职业学校人员配备规范。完善职业院校教师资格标准,探索将行业企业从业经历作为认定教育教学能力、取得专业课教师资格的必要条件。落实职业院校用人自主权,完善教师招聘办法。推动固定岗和流动岗相结合的职业院校教师人事管理制度改革。支持职业院校专设流动岗位,适应产业发展和参与全球产业竞争需求,大力引进行业企业一流人才,吸引具有创新实践经验的企业家、高科技人才、高技能人才等兼职任教。完善职业院校教师考核评价制度,"双师型"教师考核评价要充分体现技能水平和专业教学能力。

产业学院作为学校和企业之间紧密联系的利益共同体,为职业院校培养"双师型"教师提供了良好的平台,也为行业企业做好员工培训提供了顺畅的体制机制。① 学校与企业都需要以产业学院为载体,培养专业化、复合型、创新型人才,同时充分利用产业学院积聚的人才优势、资源优势,面向行业企业开展员工培训工作,将产业学院打造成行业企业技术技能型员工的培养培训基地。学校与企业双方可通过共建一批教师实践岗位,为选派到企业挂职锻炼的专任教师真实体验企业的生产、运营流程,获取行业新知识、新技

---

① 莫家业,张宇波,钟伟民.应用型本科高校校企"双师型"教师队伍建设路径探析:基于现代产业学院视角[J].职教发展研究,2023(3):75-83.

术、新工艺,掌握实践技术提供真实的职业环境,从而提升职业院校专任教师的职业技能和实践教学能力。① 同时,职业院校可依托产业学院,对企业兼职教师进行以教师职业道德、教育教学理论、专业培训目标和各教学环节的基本要求为主要内容的思想和业务培训,以提升兼职教师的教育教学水平,从而使产业学院成为专兼职"双师型"教师培养培训基地,为产业学院的高质量建设与发展打造一支专兼结合的高水平"双师型"教学团队。

5.1.2 "双高"计划下师资队伍建设必要性与目标

《教育部 财政部关于实施中国特色高水平高职学校和专业建设计划的意见》(教职成〔2019〕5号)对高职院校明确提出了加强党的建设、打造高水平"双师"队伍、提升校企合作水平等10项改革发展任务(即"一个加强、四个打造、五个提升")。可见,打造高水平"双师"队伍是"双高"计划的重要内容,也是所有高职院校的重要工作目标和改革发展任务。"双高"计划中打造高水平"双师"队伍的具体任务可以从以下五个方面进行理解。

第一,以"四有"为标准,建设一支数量充足、结构合理、水平高超,满足高职院校建设与发展要求的"双师"队伍。2014年9月9日,习近平总书记在会见庆祝第三十个教师节暨全国教育系统先进集体和先进个人表彰大会受表彰代表后,考察北京师范大学时强调,广大教师要做"有理想信念、有道德情操、有扎实知识、有仁爱之心"的"四有"好老师,为发展具有中国特色、世界水平的现代教育,培养社会主义事业建设者和接班人做出更大贡献。数量充足,就是要求高职院校的生师比至少要达到我国普通高职院校办学条件规定的合格标准;结构合理,就是要求高职院校教师的职称结构、年龄结构、学缘结构,特别是"双师"结构要达到国家的规定要求;水平高超,就是要求高职院校教师的能力和素质满足高素质技术技能型人才培养的需求,尤其是面对新兴技术、新兴产业、新兴业态,以及创新创业、"互联网+"等时代潮流,能以教学理念更新、教学内容改革、教学方法创新、教学手段变革为抓手,全面提高教育教学质量。

---

① 陈春晓,王金剑. 应用型本科高校产业学院发展现状、困境与对策[J]. 高等工程教育研究,2020(4):131-136.

第二,培育或引进一批专业群建设带头人、骨干教师、技术技能大师,也就是要求高职院校强化政策保障和加大资金投入力度,"培育"与"引进"相结合。"培育"就是立足在在职教师中着力培养一批熟悉企业生产工序与工艺流程、能解决企业生产实际难题的专业带头人、骨干教师;"引进"就是从行业企业中努力引进一批行业有影响、国际知名的绝技绝艺技术技能大师来校担任专职教师。

第三,完善领军人才、大师名匠兼职任教方案,健全工作机制,建立工作标准,明确薪酬待遇,吸引行业企业权威专家和大师名匠来校兼任实践课程教学,领衔专业群的建设与发展。同时这也是提升兼职教师队伍质量、改善"双师"结构的重要途径。

第四,建立和健全教师职前培养、入职培训和在职研修全过程培养体系。要通过校企合作建设教师发展中心,开展教师发展理论研究,发挥专业带头人和骨干教师的传帮带作用,为教师提供专业研修机会,为提升教师教学和科研能力服务。

第五,创新教师评价机制,建立绩效工资动态调整机制。要完善师德师风、教育教学、科学研究与社会服务等方面考核评价标准;强化绩效考核,依据考核结果动态调整绩效工资;改革职称评聘办法,优化用人机制和绩效工资分配方案。

1. "双高"计划下师资队伍建设的必要性

"双高"计划下,完善德艺双修、工学融合的人才培养体制被提到新的历史高度,这对高职师资队伍发展提出了新的要求。

分析"双高"计划的总体目标可以发现,其建设性质有点类似"双一流"普通高校的标杆项目,其建设意图在于以个别院校的师资队伍建设带动整体高职院校的师资队伍发展。鼓励部分师资建设超前,由优秀的部分师资建设院校带动其余院校的师资建设。"双高"计划改革发展任务明确了对师资的培养要求,即要打造高水平"双师"队伍。

大国工匠的培养,需要通过优秀的师资建立更为顺畅的通道。① 大国工匠精神的内涵就是提升职业技术人才的素质,其人才培养的主力军即职教师

---

① 邢翠,王蔚. 新时代高校加强教师队伍师德师风建设的实践 [J]. 化学教育(中英文),2023,44 (24):123-129.

资队伍，也应该按照大国工匠精神的题中之义进行建设。尤其是"双高"计划的开展，其聚焦新时代的人才需求，满足社会对人才的要求规格。而社会需求和国际化的高素质人才需要有能力、有德行、高水平的教师队伍来培养。

2. "双高"计划下师资队伍建设的目标

"双高"计划文件明确提出了加强党的建设、打造高水平"双师"队伍、提升校企合作水平等改革发展任务。高水平"双师"队伍建设的目标包括以下三方面内容。

（1）建设"四有"好教师标准下数量充足、结构合理、高水平的"双师"队伍。在结构上体现为科学合理的年龄分布、职称分布、学历分布、"双师"比例。高水平教师对专业知识的掌握越多，各方面的综合能力越强，为人师表的榜样力量就越强大。"双师"结构合理、兼顾理论知识和技术技能的教师队伍培养的人才更能满足社会的要求。水平高超，是指教师具有高素质的技术技能，教育教学的方法和手段能紧跟时代潮流，符合时代的发展，教学质量高。

（2）培养专业群建设带头人、骨干教师和技术技能大师。"双高"计划下的师资培养是培优的过程，目标是培养具有高教性与职教性特点、专业能力与实践动手能力俱佳的教师。集人才资源于院校，建设优秀的师资队伍。聘请行业企业领军人才、大师名匠兼职任教。兼职教师的管理体现为从行业企业的路径进行人才招聘。

（3）创新教师评价激励机制。构建以绩效管理和目标考评为重点的教职员绩效工资动态调整机制，以促进教职员工多劳多得、优绩优酬。通过创新教师的评价方式和模式，以能力、绩效为导向，优化教师的评价方式，使教师的评价机制更加合理、高效。建立健全教师职前培养、入职培训和在职研修体系。教师的专业发展，既要从职前培养开始，又要在入职时和入职后进行，在学校中建立教师发展中心，根据学校的特色和现实情况，对教师展开培训。

5.1.3 "双高"计划下师资队伍建设面临的问题与挑战

1. 岗位职责不清,团队结构不合理

高职院校的专任教师大多在产业技能和专业实践等方面较为薄弱[①],因此,产业学院为了完成某个项目而选拔合适的人员时,一般会从社会群体中聘请相关人员作为兼职教师来完成某个具体任务,这是解决职业院校实践教师短缺的有效途径。但是在实际操作中却存在产业学院教师定位不清晰的问题。

(1) 产业学院教师的聘任标准模糊不清。这导致在聘任过程中,不能精准判断并确定当下最适合岗位的教师,另外在教师招聘过程中,依然存在用学历和职称评判人才水平高低的问题。"学历""职称"作为重要的参考指标,是传统人才引进方式所关注的重点,比较容易把握,但对更注重实践能力的产业学院的教师也以此为衡量标准,就显得有些不合时宜,脱离了市场需求。按现代人力资源管理的要求,教师招聘一定要做好相应的岗位分析,依据符合市场需求的产业学院人才培养方案,提前界定好诸如专任教师和兼职教师、理论课教师和实训指导教师等的任职条件和岗位要求。如何根据岗位需求精准确定所需教师的类型和条件,是值得研究和关注的重要问题[②]。

(2) 产业学院教师的岗位职责定位不清。高职教育的发展与产业经济的发展密切相关,高职院校所培养的人才是否符合市场需求,是否符合企事业单位的用人标准,是判断高职院校教学质量的重要标准[③]。产业学院的要求更高,其人才培养活动需置身于市场环境中,学生的职业技术技能培养、职业发展规划等都需要按照当地或整个产业的发展进行适时而准确的调整。若将高职院校和企业共办的产业学院教师定位为以教学为主,所招聘的教师势必会将重点放在教学上,而缺少足够的社会实践时间,难以积累丰富的产业生产实践经验,在这样的情况下,这些教师可能会缺乏对人才市场需求的准

---

① 邓敏,刘启亮,石岩,等. 地理信息科学专业高水平师资队伍建设的探索与实践 [J]. 测绘通报,2023 (7): 173-176.

② 邱亮晶. 中国式职教师资队伍现代化的内涵、特征与路向 [J]. 当代教育论坛,2023 (4): 82-90.

③ 章玲义. 基于产业学院的高职院校师资培养与队伍建设研究 [J]. 现代职业教育,2023 (17): 89-92.

确研判。同理,产业学院和相关教师也很难根据职业标准完善课程体系,导致培养出来的学生与市场需要的人才标准有很大差距。

(3) 教学团队平均年龄较大,年龄梯队不合理。在选聘教学创新团队的人员时,年龄稍大、具有丰富教学经验的老教师更容易入围,而那些具备较强创新意识和创新思想的年轻教师,由于教龄较短,还未取得太多的成绩,很难进入教学创新团队,由此导致教学创新团队的教师平均年龄较大,缺乏年轻血液,不利于教学创新团队的长期发展。

(4) 团队成员学科专业较为单一,跨学科团队建设不足。高职教师教学创新团队在开展创新性项目时需要进行跨学科的研究和探索,这就需要建立由多学科专业成员构成的创新团队。① 然而,从当前来看,现有的教学创新团队大多是以学科为单位组建的,跨学科的成员较少,从事综合性创新项目时很容易遇到瓶颈问题。除此之外,高职教学创新团队内的教学水平参差不齐,与"高水平"的标准要求还有较大差距。教学创新团队的带头人和领导者不仅要具备较强的专业素养,还要具备较强的创新意识和领导力,能够提出正确的团队愿景,进行合理的战略部署,形成分工明确的团队合作。但是在实际工作中,具备这些能力和素质的团队领导者人选并不多,领导的素质水平与现实要求还存在较大差距,严重影响团队的创新成果。并且部分高职创新教学团队内的成员还存在"急功近利"思想,缺少"淡泊名利"的心态,很难全身心投入创新项目。

2. 培养力度不足,合作欠缺

高职院校和企业共办的产业学院所进行的职业生涯管理,就是指从教师的职业发展需求出发,使教师个人的发展和产业学院的人力资源需求及发展规划相协调、相匹配,给教师个人提供专业发展的机会,从而最大程度调动教师工作的积极性。这种管理不仅能满足教师个人专业发展需要,也有利于产业学院长远发展,因为只有将教师个人发展和产业学院的需要、目标和利益相结合,才能实现双赢。"双师型"教师的培养涉及多个方面,不仅需要顶层设计,还需要院校保障落实和企业深度参与。然而目前还存在以下

---

① 胡新岗,黄银云,桂文龙. 国家级职业教育教师教学创新团队的组建逻辑、内涵特征与建设路径:基于创新生态系统理论视角 [J]. 教育与职业,2023,146 (22): 93 - 99.

问题。

（1）开展"双师型"教师培养的方式单一。在培养方式上，目前仍然以研讨会和讲座论坛等形式为主，"双师型"教师进修名额有限，能够参与教育部门组织的培训的教师占比不大。在企业开展的实践培养又以短期实践和项目化实践为主，"双师型"教师的培养无法系统地深入下去，容易使培训流于表面；在培训时间上，无论是教育部门组织的培训还是企业开展的实践培养，都存在着时间较短的弊端，"双师型"教师的培养是一个长期性且循序渐进的过程，短时间培养必定难以保证效果。

（2）企业参与"双师型"教师培养的动力不够。在企业参与上，顶层设计中并没有对企业参与"双师型"教师的培养做出强制且细化的要求，导致企业与高职院校的合作机制并不健全，企业参与的主动性不高，"双师型"教师的培养力度和培养效果不够理想。

3. 发展意愿不足，缺乏制度保障

国际教师教育学会倡导的教师发展的"三大定律"为：越是扎根教师的内在需求越是有效，越是扎根教师的鲜活经验越是有效，越是扎根教师的实践反思越是有效。[①] 可是在现实中，高职教师专业自主发展意愿不足的问题比较突出，在调研问卷设计的"帮助高职教师专业发展的主体"中，选择"教师个人"的仅占 20.86%，远低于机构和组织的选择比例：省级教师专业发展机构（76.33%）、省级教育行政部门（61.83%）、高职院校（63.53%）和教学团队（29%）。通过个别访谈、文献检索，我们发现当前高职教师专业自主发展意愿不足的主要表现有：老教师职业发展彷徨，他们除了晋升高级别职称外，基本没有继续发展的内生动力；骨干教师迷惑且处于瓶颈期，尤其是碰到挫折后，会迷失专业发展的方向；青年教师鲜有机会，他们不会主动去寻找和把握专业发展的机会，更多的是向上看上级部门如何安排，向外看其他学校如何实施，往往忽视自我。

虽然 2019 年 6 月教育部印发了《全国职业院校教师教学创新团队建设方案》，对于高职院校建设教学创新团队的目标、任务及进度等方面进行了

---

① 李妮，阮宜扬. 耦合视角下高职院校课程思政教学团队的建设路径研究：基于现代家政服务与管理专业的团队建设实践［J］. 中国职业技术教育，2023（23）：84-90.

宏观上的设计，也明确了教师教学创新团队建设的数量、申请条件和申请程序，但教师教学创新团队在高职院校当中仍属于新生事物，各高职院校的创新团队建设工作尚处于起步阶段，缺乏成熟的建设经验，相关的配套政策制度还不够完善，对于多元建设主体的具体分工缺乏明确的规定，也缺乏科学完善的顶层设计。与此同时，高职教师教学创新团队的运行机制和相关的保障机制也不够健全，教师教学创新团队建设方向与预设目标相背离的情况频繁出现，具体表现为：创新团队的任用标准不统一，导致团队成员水平参差不齐，影响创新团队的长期发展；创新团队的激励机制缺失，导致团队成员在从事创新项目时积极性不高，创新项目进度过慢；创新团队的培养机制不完善，未能给团队成员提供充足的资源和"高水平"的培训课程，导致团队成员创新能力提升缓慢，难以获得更多优质的创新项目。除此之外，现阶段高等职业教育领域还缺少对教师教学创新团队的官方概念界定和统一的人才选聘标准，在一定程度上弱化了教师教学创新团队建设的可操作性。

4. 考评体系落后，激励机制不理想

目前，"双高"院校的"双师型"教师队伍主要由校内专任教师和校外兼职教师组成。由于这两部分教师的来源不同、特质不同，对于其管理也存在着较大的难度，在考评方面体现得尤为明显，具体表现在两个方面。首先，在考评内容上，校内专任教师在理论层面和教学层面相较于校外兼职教师表现突出，而校外兼职教师则在实践层面较为擅长，面对当前固定的一套考评内容，两者势必各有所缺，相互制衡，由此使得考评价值得不到最大程度的体现。其次，在考评方式上，对于校内专任教师和校外兼职教师没有进行有效区别，来自企业行业的兼职教师工作的稳定性不够，面对统一的考评方式，容易导致对其考评流于形式和表面，不能真正发挥工作评价的检查、督促与激励作用。与此同时，考评制度落后、考评体系不完善等也造成了考评机制无法顺利运行的问题，亟待解决。

"双高"院校大多贯彻"以人为本"的管理理念，逐步建立起教师薪资绩效制度，尝试用激励机制来调动教师的工作积极性和主动性。然而现行的激励机制在运行过程中还存在着一些问题，特别是对"双师型"教师的关注远远不够，主要体现为没有根据实际情况在职称评定、项目申请、年度考核、薪资发放等环节给予"双师型"教师一定的倾斜，这容易对"双师型"教师发出"不够重视"的信号，从而挫伤教师参与企业实践和相关培训的能动性。"双师型"教师在比较中,产生了付出与收益不平衡的心理,进而影响到对工作的满意度。主要表现如下。

(1) 投入机制不健全,缺乏稳定充足的经费投入。当前大部分高职院校尚未针对教学创新团队建立专项经费投入机制,各院校能够用于支持教学创新团队建设的资金非常有限,经费投入不足在一定程度上制约了教师教学创新团队的发展。

(2) 评价机制不完善。当前各高职院校围绕教师创新团队建设的评价体系单一,缺少多维度、多层次的考评体系,并且现有的评价指标"硬指标"太多、"软指标"过少,评价机制不完善,导致教师不能安心在教学创新团队中研究创新项目。

(3) 激励机制不健全。参加教学创新团队需占用教师大量时间和精力,而当前大部分高职院校与此相关的激励机制还不够健全,激励力度不足,教师很难通过教学创新团队获得更高的待遇,参与积极性有待提升。

(4) 缺乏有效的校企共建机制。高职院校尚未建立起以校企合作为基础的教学创新共同体,合作共建机制缺失,很难使企业真正融入教师教学创新团队建设。一方面,政府对于校企合作共建教师教学创新团队缺乏足够的政策支持,相关的保障措施不到位,导致企业参与积极性不足;另一方面,高职院校能够为企业兼职教师提供的福利待遇有限,很难吸引能工巧匠和专业技术人员到校内任教。校企共建机制缺失,导致教学创新团队的研究成果很难转化为现实的生产力,影响团队成员进行创新的积极性和主动性。①

5.2 以"双高"计划为引领,建设产业学院高水平师资队伍

师德师风建设是衡量教师队伍素质的重要标准,"双高"计划院校正不断加强"双师型"教师队伍的内涵建设,坚持"教师为本,师德为魂"的

---

① 曹晔,刘红磊. 职业院校教师教学创新团队评价指标体系构建[J]. 中国职业技术教育,2023 (20): 65-71.

发展理念，围绕师德培育工程、"双师"素质标准建设两个着力点，探索打造"大国工匠"之师、彰显职教特色的有效路径。

5.2.1 紧扣产业发展前沿，发挥政府职能保障作用

服务产业发展和经济社会建设是中国特色高水平高职院校的使命担当，加强"双师型"教师教学创新团队建设，是高职院校助推新兴产业与区域经济发展的重要前提。[1] "双高"计划院校积极主动探寻产业发展前沿问题，通过创新教师专业素质培育路径，发挥"双师型"教师队伍建设的"品牌效应"。如南京交通职业技术学院积极承担交通运输类"双师型"教师技能培训和高职教师创新团队建设任务，完善教师职前职后培训体系，努力打造优质教师培育品牌，大大提升了"双师型"教师的教科研水平。[2] "双高"计划的核心是高水平"双师型"教师队伍和专业群建设，前者要求师资队伍中至少应包括专业群建设带头人、骨干教师、技术技能大师和兼职教师等身份个体，后者则提出要组建高水平、结构化的教师教学创新团队，保障专业群的可持续发展。由"双师型"教师组成的教师教学创新团队，将推动教师由个体发展向群体合作的转变，发挥教师群体间的协同作用，最大程度地推动技术革新与教师结构优化。如江苏农牧科技职业学院组建了五大院级科技创新团队，拥有兽用生物制药技术科技创新团队和肉制品深加工及质量控制科技创新团队两个江苏高校"青蓝工程"科技创新团队，苏姜猪品种创新团队和现代中兽药制品创新团队两个江苏省现代农业产业技术创新团队。高水平高质量的专业创新团队极大提升了院校的竞争优势，通过采取一对一、一对多的教师团队指导模式，最大程度发挥了团体的工作效能，帮助教师在专业成长中实现自我突破，提升教师教科研水平和技术技能创新能力，为服务区域职业教育发展与经济社会发展做出积极贡献。[3]

从产业学院的成立背景看，其在人才培养或培训方面一般聚焦于某一具

---

[1] 张淼，邓晶晶."双高计划"视域下高职学校强化科技服务的关键问题探析[J]. 职业技术教育，2020，41（11）：10-13.

[2] 赵永胜. 高职院校"双师型"教师队伍建设路径研究[J]. 职业技术教育，2019，40（32）：48-54.

[3] 伍百军. 高职院校产业学院师资管理：困境与突破[J]. 职业教育研究，2020（10）：48-52.

体产业领域。也就是说，产业学院的教育目标更为具体，主要是为了解决某个产业在发展过程中产生的具体问题。同时，国家在"双高"计划中提出，要着力培养一批能够改进企业产品工艺、解决生产技术难题的骨干教师，合理培育一批有绝技绝艺的技术技能大师。就产业学院的师资现状来讲，上述文件内容强调高职院校的师资队伍建设更需补足教师实践能力的短板。客观上讲，经济优势不明显的地方高职院校，对有丰富企业实践经验的优秀人才的吸引力相对不足。在产业学院中，组建名师、技能大师领衔的开放型教学团队和工作室比较困难。因此，产业学院应做好师资管理的改革创新工作。

近年来，我国出台了一系列政策文件，为当前及未来一段时间内高职教育的发展做出了清晰的部署和规划，也为高职教育跨越式发展提供了有利条件。"双高"计划是我国基于经济社会发展需求，结合高职院校发展实际制定的一项高职教育改革与发展举措，目的是集中力量建设一批引领改革、支撑发展、中国特色、世界水平的高职院校和专业群，带动职业教育持续深化改革，推进高职教育高质量发展。建设高职教师教学创新团队作为"双高"计划实施的重要支撑，也是《国家职业教育改革实施方案》提出的重点要求。在高职院校中选择优秀的教师组建创新团队，能够有效提升其自主创新能力，使其在相关领域做出更加突出的成绩，直接或者间接提升高职院校的核心竞争力。"双高"计划秉承扶优扶强的理念，以周期绩效评估结果为依据调整资助的高职院校名单，为那些具备较高核心竞争力的高职院校提供良好的发展机遇。① 同时，"双高"计划相关的项目遴选标准也包括对教师团队的水平评估，因此所有高职院校都须重视教师教学创新团队的建设。通过落实教师教学创新团队建设，已入围"双高"计划的院校将进一步夯实办学实力，未入围的院校将进一步提升自身的核心竞争力，努力获得进一步入围的机会。由此可见，高职院校深入推动教师教学创新团队建设，提升自身竞争力，将有力地支撑和服务"双高"计划的落地，带动高职教育的整体发展。

5.2.2 以"双高"计划为契机，构建产业学院教师发展体系

习近平总书记强调："有高质量的教师，才会有高质量的教育。"教育

---

① 李忠，陶绍兴，胡计虎."双高计划"背景下校企命运共同体的构建［J］．教育与职业，2020（23）：51－55．

部、财政部印发的《关于实施中国特色高水平高职学校和专业建设计划的意见》明确提出，要以"四有"标准打造数量充足、专兼结合、结构合理的高水平"双师"队伍。而师德师风是评价教师队伍素质的第一标准。因此，"双高"计划的关键在于师资队伍建设，而师资队伍建设的根本在于师德师风建设。

1. 完善领导体系，健全师德管理体制

在师德师风建设中，应始终以"双高"计划为蓝图，不断完善师德师风制度体系建设。把师德师风建设放在"双高"计划工作部署中，并将此工作常态化、长效化，把它作为师资队伍建设常抓不懈的一项重要工作，推动学院师德师风建设健康、稳定、可持续发展。一是成立党委教师工作委员会，研究审议学院教师思想政治和师德师风建设工作重大事项，指导相关部门开展工作。二是充分发挥党委教师工作部作用，成立学术道德监督委员会、师德专题教育领导小组，健全师德工作领导与管理体制，构建党委集中统一领导、党政齐抓共管、教师工作部门统筹协调、业务部门协同共建、全体教师积极参加的教师队伍建设机制和工作格局。三是将教师思想政治工作与学院教师基层党组织建设相结合，持续推进教师"最强党支部"、"双带头人"、党支部书记工作室建设，强化教师党支部政治功能，把教师思想政治素质和师德考评作为党支部发挥政治功能的重要抓手，在教师成长和管理各环节发挥政治和师德双把关作用。四是发挥党员教师的"先锋示范"作用，开展老带新的"结对帮扶"活动，导师从思想政治到业务素质，全面培养、帮助和提携新进教师，通过听课、评课等教学活动使新进教师尽快掌握教育教学工作的基本环节，提高教学水平，在教学实践中培养教师严谨的治学态度和无私奉献的敬业精神。

2. 优化制度规范，强化考核监督机制

以"双高"计划为契机，实施名优工程，打造高水平"双师"队伍，以深化管理体制机制改革，推进学校治理水平和治理能力现代化为指导，构建师德师风制度体系。一是完善相关制度。全面部署学院师德师风建设工作，并根据师德师风建设工作的新要求、新目标，建立违规行为的受理处理和责任追究机制。二是完善师德师风考核评价体系。完善评价主体、评价内容、评价方法及评价程序，并将考核结果作为教师职称评聘、职务晋升、考

核评优的第一依据。三是逐步建立师德师风负面清单。明确新时代教师职业行为规范，划定教师职业行为底线，为师德失范亮明戒尺。对出现严重违反师德师风要求的教师，在职称评聘、职务晋级、学年考核和评先评优等方面实行一票否决。四是完善师德监督惩处制度。信守师德规范，履行师德承诺。严肃开展师德违规问题惩处通报，对违反十项准则的师德违规问题进行严肃查处，分级公开通报。发现一起、查处一起、通报一起，做到对师德违规问题"零容忍"。

3. 强化师德教育，提升教师道德素养

坚持教育者必先受教育的理念，完善"三三三"阶梯式教师培养体系和"双送、双培、双挂"教师培训体系，把师德规范纳入教师培训必修计划，作为教师岗前培训和在职培训的重要内容，通过多渠道、多层次地开展各种形式的师德师风教育，达到唤起师德自觉自省、实现师德内化的目的。

4. 深化师德实践，在日常工作中锤炼师德

以落实岗位职责为着力点，在实践体验中培育和践行师德素养。一是聚焦职业教育类型特征，引导广大教师遵循教师职业道德规范、专业所对应的职业岗位规范及行业伦理，做到工学结合、知行合一、德技并修，切实将高素质技术技能型人才培养作为最核心的本职工作，回归和坚守教书育人的初心正道，强化立德树人责任。二是在岗位评聘、年度考核、评优奖励中优先考虑教学业绩突出、学生评价高、教学水平和教学效果得到师生公认的教师，以此使处于职业境界的教师在"双师型"教师标准的规引和目标任务的驱动下，逐步将行为准则内化为道德信念，从职责要求升华为人格精神。三是以实施名优工程，即师德师风建设工程、教师职业发展工程、教学能力提升工程、技术技能提升工程和兼职教师队伍建设工程为抓手，引领教师强化师德修养和发展意识，使教师在专业追求、专业历练和专业体验中，不断感悟师德内涵，提高师德修养，增强师德信念，促进教师全面进步和持续发展。

5.2.3 健全产教融合机制，统筹教师资源配置

在深化产教融合的背景下，打造一批结构合理的专兼职结合、"双师双

能"型的产教融合教师队伍,是高职院校产业学院走人才强校之路的体现。① 产业学院应依据自身定位与发展需求制定教师培训管理办法、培训计划等,通过校企合作搭建实践教学平台,扩大教师实践渠道。深化产教融合、校企合作,促进高职院校与企业的沟通协调,充分发挥教师在沟通协调机制中的"润滑"作用。产业学院要引进行业企业高层次技术技能大师和能工巧匠担任专业课程兼职教师,将兼职教师纳入职业教育群体。同时,学院还应选择部分中青年教师深入企业一线参与实践和产品研发,实现人才的横向流动和学校与企业的人才资源共享。通过与企业的合作,产业学院的教师可以开展新技术和服务的开发,不断提高专业技能,积累实践经验。学院还可以邀请企业的专家做讲座和进行指导,进一步优化产业学院专职教师的知识结构和技能素质,促进高职教师学术和专业实践的有效整合与推广,提高现代产业院校的人才培养质量。

重视"双师型"教师队伍的内涵建设。由现行的实践教学主要以企业教师为主的"双师结构"逐步转化为实践教学以学校教师与企业教师并重的新型"双师型"结构,这不仅要求教师具有中高级的职业资格证书,同时还要强调教师在技术研发、竞赛指导、发明创造等方面产生的经济效益和社会效益。

重视兼职教师队伍的质量。选聘兼职教师要以学校的总体实力提升为主要的出发点,将兼职教师队伍的规划纳入学校师资队伍建设的规划。通过网络招聘、媒体报道、合作企业推荐等方式广开招聘渠道,明确兼职教师考核和选用标准,聘请企业一线的高级技师、能工巧匠到高职院校讲授课程,建立完善的兼职教师"考核评审—岗位试用—正式上岗"程序,确保兼职教师队伍聘任质量。完善兼职教师教学能力的培养,定期开展兼职教师教学能力提升培训,鼓励兼职教师参与学生竞赛指导等工作,兼职教师取得的教学科研成绩要与校内教师享受同等的奖励。

提升教学科研能力,优化创新团队结构。校企合作、专兼并举,打造一支高水平、结构化"双师"教学创新团队,成员从单一专业教师团队优化到由专业教师、思想政治教师、企业高级工程师等组成,不断升级优化团队职

---

① 朱善元,李巨银,杨海峰,等. 以国家"双高计划"引领高职院校"提质赋能"的路径与举措[J]. 江苏高教,2020(12):144-147.

称、学历等结构，实现动态调整，多方面助力教师教学科研能力提升，助推"三教改革"。一是以专业带头人为主导组建"校企"教学创新团队，通过产教融合形式与当地企业开展技术服务，以科技特派员身份在产品技术创新、质量提升、工艺改进、前沿技术等方面共同探讨，共建产教融合基地，将研发成果转化成企业案例，融入人才培养方案，推动教学改革。二是团队积极申报或参与各类重要项目，如在线精品开放课程、课程思政示范项目、教学成果奖、科研课题、"1+X"试点工作、职业教育规划教材等，开发校企合作、活页式、工作手册式等形式的新型教材，打造名师工作室、技能大师工作室、高水平实训基地、虚拟仿真实训中心等。通过以团队为建设单位，提升团队成员教学、科研能力，最终提升教学质量，服务学生。三是加强青年教师队伍建设。青年教师作为团队骨干力量，在团队建设中发挥着显著作用。在团队培养过程中形成师徒结对，督促青年教师获取行业相关"1+X"证书、行业职业技能证书，并积极参与教学能力比赛、职业技能大赛等个人专业技能竞赛，以赛促学、以赛促教，提高教师信息化技术应用、课程标准开发、教学设计与实施、职业素养等多方面能力。

深入开展校企合作，共建专业资源库。智能化时代，产业结构融合使专业群的建设成为趋势，专业发展关键环节是专业资源库建设，其集合各方优质资源，通过与企业、一流高职院校形成合作体共同开发资源库。一是打破原有学科体系，对标职业标准，基于岗位能力要求重构课程体系，将"1+X"证书、技能大赛与行业企业案例有机融合，项目式、模块化开发专业课程资源，真正做到岗、课、赛、证的结合。二是以企业实际工作项目为载体，邀请当地企业共同开发新型教材，将研究成果融入教学内容，丰富教学资源；常态化进行企业调研，对教学资源持续更新、动态升级调整，始终将最新职业技能标准、新技术、新工艺融入教学资源。三是与一流高职院校共同开发资源库，学习借鉴，互帮互助，实现资源共享，共同成长，提升资源库建设水平。

5.2.4 打造高水平师资队伍

教师队伍水平不高是目前制约高职学校高质量发展的瓶颈之一。教师专业能力与水平还不适应产业升级、技术发展的要求，尚不能有效支撑高水平技术技能人才培养。有些高职学校的教师队伍学历、职称结构严重不合理，博士学位和正高级职称教师数量竟然是个位数;有些学校虽然教师数量相对充裕,但教师的能力水平同学校的高质量发展之间还存在较大差距。因此,高职学校要认真研究《国家职业教育改革实施方案》和《关于实施中国特色高水平高职学校和专业建设计划的意见》对"双师"队伍建设的要求,根据学校发展条件,制定切实可行的发展规划,打造高水平"双师"队伍,为实现学校高质量发展提供切实可靠的人才保障。

1. 以专业群为基础建设高水平"双师"队伍

"双高"计划的核心是高水平高职学校和专业群建设,高水平"双师"队伍既是高水平学校建设的目标,也是专业群的建设目标。① 打造专业群,促进专业资源整合和结构优化,发挥专业群的集聚效应和服务功能,组建高水平、结构化教师教学创新团队,探索教师分工协作的模块化教学模式,对实现人才培养供给侧和产业需求侧结构要素全方位融合具有积极作用。高职学校习惯以专业为单位建设专任教师队伍,有的学校由于专业建设贪大求全,专业数量过多,导致专任教师严重不足,有的学校生师比超过35∶1,难以保障专业教学质量。专业群一般由三个及以上专业组成,通过专业的集群发展,优化组合专业群教学资源,推进群内各专业的课程、师资、实验实训等教学资源共享。以专业群为基础进行"双师"队伍建设,能有效优化专业群的师资资源,提高师资资源的共享程度,有利于建设一支以高水平专业群带头人为引领、以各专业带头人和"双师型"教师为骨干的专业群师资队伍,提升专业群"双师"队伍水平。

2. 以标准引领高水平"双师"队伍建设

高水平"双师"队伍要从学校和专业群两个层面进行协同建设,两者相辅相成,缺一不可,互相促进。具体表现如下。

(1)培养行业有权威、国际有影响、能引领专业群发展的专业群带头人。学校要按产业发展逻辑和专业内在逻辑科学组建专业群。专业群带头人既要熟悉产业发展形态,掌握产业技术发展态势,又要有较高的专业造诣,具备整合专业群发展所需要的校内外教学资源的能力。专业群带头人可以在具有较大发展潜力的专业带头人中选拔,也可以从行业和产业领域引进。

---

① 吴杨伟. "双高计划"背景下高职"双师"队伍建设的定位、问题与路径研究[J]. 职教论坛, 2020, 36 (8): 99-103.

（2）建设一支教学能力强、能改进产品工艺和解决企业技术难题的专业群骨干教师队伍。专业群内骨干教师可以通过课程组和项目组的形式进行培养，课程组成员共同研讨课程标准，共同确定教学内容，共同开发教学资源，合作实施课程教学，提高课程的含金量；围绕产品开发，工艺改进，解决企业生产、管理等技术问题组建项目组，共同探讨研究并提出解决方案，提高骨干教师解决生产实际问题的技术能力。项目组研究成果可以转化为课程教学内容，推进教学过程与企业生产过程的对接，提高学生的职业能力。

（3）培养具有绝技绝艺绝活的技术技能大师。高职学校要强化技术技能平台建设，要联合人力资源和社会保障部、总工会等部门共同建设具有产品研发、工艺开发、技术推广、技艺传承、大师培育等功能的技术技能积累平台，建设传承绝技绝艺绝活的技能大师工作室，创新技术技能平台和大师培养机制，培养一批品德高尚、技艺精湛的技术技能大师。

（4）建设高水平兼职教师队伍。高职学校目前存在兼职教师数量不足、质量不高等问题，技艺精湛、技术水平高的企业兼职教师到学校授课、带徒的比例偏低。打造高水平"双师"队伍必须提高高水平兼职教师的数量和质量。高职学校要通过搭建产教融合平台、深化与行业领先企业合作、创新激励机制等措施聘请行业企业高水平兼职教师到学校授课、带徒，传授技术技能，提高兼职教师队伍的建设质量。高职学校要打破以往重兼职教师数量、忽视兼职教师作用发挥的做法，把兼职教师授课、带徒的质量作为衡量兼职教师队伍建设成效的主要标准，提高企业兼职教师队伍的水平。

3. 以产业学院为载体，培育高水平师资队伍

产业学院有助于提升"双师型"教师的教学实践能力。产业学院所依托的企业，可以为教师提供广泛的实践锻炼的机会。教师可以将企业的先进工艺、技术与教育教学改革、课程设置等有机结合起来，在推动教学能力提升的同时，有效地促进人才培养与企业发展相契合，实现教师岗位培养与企业发展的双驱动。因此，产业学院的存在为"双师型"教师队伍建设提供了有效的载体，高校要充分发挥产业学院所具有的优势，推动师资队伍建设。

高校要依托产业学院，从思想引领、培养过程、平台建设、激励机制等方面入手，不断深化培育"双师型"教师队伍。① 在产业学院建设中，高校要强化"双师型"教师的思想引领机制建设，引导教师树立崇高的教育理想，并将其落实到教学实践中，在多元化的课堂中通过以身作则的示范效应推动学生成才。产业学院在建设过程中，要针对"双师型"教师的特点，坚持校企双主体的地位，通过积极对接产业链、创新链，深入了解"双师型"教师所需要解决的教学问题，了解校企双方的共同需求，将提升"双师型"教师能力融入产业学院建设全过程，不断优化教师的教学理念和实践路径，形成符合产教融合需求的产业学院育人新路径。产业学院要主动对接行业企业，校企合作共同建设高水平实训实践基地，依托基地积极构建"双师型"教师系统化、规范化的培训体系，全面开展包括职业素养教育、实践能力提升、先进技术运用等在内的全过程培训，有效地将社会服务、实践教学、项目孵化等结合起来，在助力企业发展的同时，让"双师型"教师获得更多提升综合认知能力及技术素养的机会。产业学院要构建完善的考核激励机制。要瞄准产业升级情况，根据岗位技能、实践能力等的新要求，制定完善的"双师型"教师认定标准，不断优化"双师型"教师的学习制度、考核激励制度、聘任制度等，定期开展考核，将考核结果与职称晋升、评奖评优等挂钩，确保"双师型"教师有获得感，以激发其工作的内生动力。②

5.3 健全激励评价机制，提升教师发展内在动力

绩效考核与评价是激发教师教育教学工作积极性的重要举措。为激发"双师型"教学团队对产业学院的忠诚担当、提高教学团队的工作效率，产业学院在设计绩效考核评价体系时，要遵循发展性评价与分类评价的原则。首先，绩效考核评价体系不能仅仅停留在提高工资待遇、改变绩效奖励方式

---

① 张伟. 民办高职院校产业学院师资队伍建设实践探索 [J]. 广东职业技术教育与研究，2022（4）：177-180.
② 杨先花. 高职产业学院师资队伍建设现状与提升路径研究 [J]. 湖南邮电职业技术学院学报，2022，21（4）：105-107.

等奖惩性评价，还应将个人素养与能力提升、个人成就等发展性评价指标纳入其中。其次，在制定绩效考核评价体系时，要根据专兼职教师对职业目标设置的不同而有所区别。目前，产业学院大多数专职教师理论水平普遍高于实践能力，为引导与激励专职教师积极提升实践能力，绩效考核评价指标可在对传统的教育教学与科研业绩进行考核的基础上，加大对教师实践教学能力、指导学生实习实训、主持或参与企业技术服务等专业业绩的考核力度；而来自企业的兼职教师，由于大多缺乏一线教育教学经验和系统的理论知识，产业学院要改变简单地以课时为单位计酬的兼职教师绩效考核方式，应与企业合作，对兼职教师从专业能力与教育教学水平提升、薪资福利增长、晋升渠道拓宽、成就感和获得感提升等多个角度进行考核和激励。最后，为吸引行业大师、能工巧匠加入产业学院教学团队，可实施产业教师（导师）特设岗位计划，通过建立专业技能大师工作室等，重点从成就感获得、学术水平提升、社会影响力扩大等方面进行激励引导。

5.3.1 优化考核制度，提升教师工作活力

首先要确定考核目标，根据教师的总任务设计统一的绩效指标，如教学工作量、学生满意度、学术研究、技能培训、技术创新水平等，然后根据教师的技能和教学类型，将总任务分配给合适的教师，完善绩效指标，突出导向性，提高激励性。对专业理论教师的考核要重点衡量其学术科研水平，突出科研成果经济效益和社会效益指标的重要性，为在学术界取得成就的青年教师和在社会实践中取得显著成就的教师提供一些考核点；对于实践教师的评估，由于他们大多是企业的兼职教师，应该定期与其所属业务单位沟通，重点评估他们的实践技能、技术创新成果及对基本文化取向和文化素养的热情。总之，对"双师型"教师的评价，既要注重学术研究能力，又要严格考核教师的实践能力水平，确保教师的全面发展。

5.3.2 重视考核激励制度，兼顾各方面利益

高校教师是推动教育事业发展的关键力量，他们的教学水平直接影响着学生的学习成果和学校的学术声誉，因此，建立符合高校特点的绩效考核制度，对于提高教育质量非常重要。一般来说，教师的绩效考核制度应该从教学和科研两方面来探索其合理性。

1. 关注课堂教学与学生发展

教学是高校教师最基础、最核心的工作内容。教学绩效考核应该突出教师在课堂教学中的表现和对学生发展的贡献。首先，通过教师评价和同行评议等方式，了解学生对教师教学的满意度和教师课程设计能力；其次，考察教师的教育教学理念和教学方法是否适合当今高校教育环境；最后，鼓励教师参与教学改革与创新，推广优秀的教育教学实践经验。

2. 注重学术影响与学科建设

高校教师的科研成果是评价其学术水平的重要依据。科研绩效考核注重学术影响和学科建设。首先，通过发表论文、申请专利和获得科研项目等指标来评价教师的科研成果；其次，考核教师是否积极参与学术交流活动，是否从事学术职业，以及是否在学科建设中积极发挥作用；最后，鼓励教师参与多学科合作，提升学科发展的整体水平。

苏州外包的教师绩效考核制度如表 5-1 所示。

表 5-1　苏州外包的教师绩效考核制度

一级指标	二级指标	主评价点	分值	考核办法	备查资料
一、教学管理	1.教学规章制度	（1）教学计划、教学大纲编制与修订	2	要求教学大纲、教学计划齐全。每缺1个专业教学计划扣0.5分，缺1个教学大纲扣0.5分。未经批准更改教学计划，查实1次扣0.5分。	（1）各专业教学计划及教学大纲。（2）各专业学期开课情况一览表。
		（2）教案	3	抽查任课教师的纸质或电子教案(8年以下教龄的必须使用详细教案)，少1份教案扣0.5分，教案不规范或使用旧教案的，每份扣0.2分。系部每学期至少要进行1次教案检查并记录，无检查及记录的扣2分。	（1）任课教师教案。（2）系部教案检查记录（以学期为单位）。

续表

一级指标	二级指标	主评价点	分值	考核办法	备查资料
一、教学管理	1.教学规章制度	（3）课堂教学（教学进度的执行、课堂组织、管教管导、教学内容新颖、教学方法改革创新）	4	（1）查班级日志：抓教学事故，经核实认定为A类教学事故的扣3分，核实认定为B类教学事故的扣2分，核实认定为C类教学事故的扣1分。（2）抽查任课教师教学进度的执行情况：与计划相差6节以上，每查实1次扣1分。（3）查调课率：调课率＝系部本学期调课次数/本学期系部任课教师人数×100%，调课率达10%扣1分。	（1）班级日志（以学期为单位）。（2）系部教学检查记录（以学期为单位）。
		（4）作业、实验报告、毕业设计或毕业论文的指导与批改	2	查学生作业、实验实训报告、毕业设计（论文），不符合要求或无批改的扣1～2分。	学生作业、实验报告、毕业设计或毕业论文（学生保留备查）。
		（5）实验、实训计划及开出率	6	（1）查系（部）实验实训计划、安排表、记录和教务处检查登记表：必修实践课无正当理由开出率＜90%的扣1分，开出率＜80%的扣2分；实验实训计划、安排表、记录不完整的扣1～2分。（2）查实践教学课程体系设计，有设计方案计1分，实施情况良好计1分。	（1）系（部）实验实训计划、安排表。（2）实验实训室记录。（3）学生实验或实习报告。（4）教师学期授课计划、教学进度表。（5）实践课程设置。（6）产学结合。
二、教学质量	2.教学质量监控	（1）系部督导组活动情况	5	（1）查系部督导组活动开展情况：系部督导小组没有开展督导工作的扣4分，工作不到位的扣1～2分。	（1）系部学期督导工作计划。（2）系部教学督导小组工作记录。

续表

一级指标	二级指标	主评价点	分值	考核办法	备查资料
二、教学质量	2.教学质量监控	(2)听课、评课（同行评教）	6	(1)查听课安排表、督导小组听课记录、院督导室检查记录。系部督导小组每学期对本系任课老师至少进行人均1次的检查督导性听课，每少1人次扣0.5分。 (2)查教师相互听课记录。教师相互听课每学期每人4次以上（含4次），每少1人次扣0.5分。	(1)系部听课安排表。 (2)听课评课原始记录。 (3)同行测评表与统计表。
		(3)学生评教	6	查学生评教问卷调查表及统计表：系部每学期对本系任课教师至少进行1次学生评教问卷调查，同一班级学生有40%以上对某老师意见较大的（测评小于60分），每1人次扣1分；有60%以上对某老师意见较大的，每1人次扣2分。	学生评教记分表原始材料及学生评教统计表。
三、教研与科研	3.教学研究	(1)教研室工作。教研室开展专业课教材讨论、集体备课、学术活动、教研教改等活动	8	查原始记录（原始讲稿、教师笔记，学术活动、教研教改活动原始记录）：教研室教研活动每学期4次以上（含4次）计满分，少1次扣2分。	(1)教研室教研活动记录。 (2)教师笔记。
		(2)教学竞赛。系部组织、参与各种（学院或省级以上）教学竞赛，如说课竞赛、优秀教案竞赛、多媒体课件制作竞赛等	6	查组织方案和记录及竞赛教案或课件：每学年组织1次项目的计满分，未组织的扣6分。获省级以上竞赛奖另加分。	(1)竞赛组织方案。 (2)竞赛记录及竞赛教案或课件。

续表

一级指标	二级指标	主评价点	分值	考核办法	备查资料
三、教研与科研	4.科研工作	(1)科研立项	6	查各级科研、教研立项批文：每主持1个国家部委级立项课题记6分，每主持1个省厅级立项课题记4分，每主持1个市局级立项课题记2分(主持横向课题按市局级课题记分)，每主持1个院级立项课题记1分。科研成果获奖另加分。	各级科研、教研立项批文(当年1月1日~当年12月31日科研、教研立项原件，以科研处核实为准)。
		(2)科研项目参与率	6	查科研、教研立项申请书和批文：科研项目参与率达60%计满分，每少1%扣0.2分，依次类推。[科研项目参与率＝本系中级以上职称的教师参与厅(局)级以上(含参与企业研究)课题人数/本系中级以上职称的教师人数×100%]。	各级科研、教研立项申请书和批文(当年1月1日~当年12月31日科研、教研立项原件，以科研处核实为准)。
		(3)专任教师公开发表学术论文(有正式刊号或本院学报刊登的)、论著及主编和参编教材情况	8	查论文、论著及教材原件：出版专著1部折算论文4篇，主编教材1部折算论文2篇，参编教材1部折算论文1篇(以系为单位)。每学年人均1篇计满分，少1篇扣8/n分($n=$专任教师人数)。	(1)论文、论著及教材原件。(2)本年度专任教师公开发表的学术论文、论著及参编教材统计表(以科研处统计数据为准)。

续表

一级指标	二级指标	主评价点	分值	考核办法	备查资料
四、专业建设与课程建设	5.专业建设	(1)专业教师队伍建设	6	(1)查学科带头人建设情况、青年教师培养情况。落实不到位的酌情扣0.5～1分。 (2)青年教师专业实践锻炼落实情况。落实不到位的酌情扣0.5～1分。 (3)青年教师导师制落实情况。落实不到位的酌情扣0.5～1分。 (4)外聘教师管理。根据学院《外聘教师管理规定》,制定符合系部实际情况的外聘教师考核管理办法,并依照执行。无考核管理办法和管理不到位的酌情扣0.5～1分。	(1)学科带头人情况一览表。 (2)学科带头人培训计划和青年教师培养方案。 (3)青年教师导师制、专业实践锻炼相关材料。 (4)学院"双师型"教师一览表。 (5)外聘教师材料。
		(2)专业建设情况	6	(1)查各专业开办条件、试点专业申报情况或专业方向适应市场需要的调研报告,缺者扣2分。 (2)有专业建设三年发展规划的,计2分。 (3)有教改专业人才培养方案的,计2分。	(1)专业申报材料。 (2)发展规划。 (3)培养方案。
		(3)职业资格认证培训与考试	3	(1)查系部各专业职业资格认证培训方案及考证情况。 (2)医卫类查实习前强化训练方案及考核情况,其他类查本系应届毕业班累计职业资格证获得率:职业资格证获证率=获证人数/应届毕业生总人数×100%,获证率达40%计满分,每少1%扣0.1分,依次类推。	(1)获职业资格证学生名单。 (2)应届毕业班学生花名册。 (3)学生取得职业资格证文件或证书。 (4)强化训练方案及考核成绩单。

续表

一级指标	二级指标	主评价点	分值	考核办法	备查资料
四、专业建设与课程建设	5.专业建设	(4)专业技能培训、考核与竞赛	4	查系部专业技能培训、竞赛方案及组考情况记录： (1)缺培训工作方案或组考记录的扣1~4分。 (2)每学年系部至少组织1次专业技能考核或竞赛计满分，未按要求组织的扣1~4分。	(1)系部专业技能培训、竞赛方案。 (2)竞赛情况、考核成绩单。
	6.课程建设	(1)精品课程	5	查精品课程申报情况：本年度有精品课程申报的计满分；无精品课程申报的扣5分。	(1)精品课程申报及批文。 (2)精品课程建设研讨会会议记录。
		(2)课程整合与教材建设及课程教学改革	6	(1)查专业课程内容整合、创新情况；构建模块化教学课程体系，能适应市场需求的变化。缺1项扣2分。 (2)查自编教材情况、选用省部级以上获奖或规划的高职高专教材情况：凡经教务处核实选用自编教材、省部级以上获奖或规划教材少于95%的扣2分，少于85%的扣4分。 (3)查课程教学改革申报情况与研讨会记录： 每个专业每年度至少要有2门课程进行教学改革，体现以学生为主体，以教师为主导，少一门扣2分；每年度召开课程教学改革研讨会不少于3次，少一次扣1分。	(1)课程整合资料。 (2)教材订单。 (3)自编教材原件。 (4)相关教案与使用教材。 (5)课程教学改革申报表与研讨会记录本。

续表

一级指标	二级指标	主评价点	分值	考核办法	备查资料
五、加减分	7.加分	(1)科研成果奖。 (2)教师教育教学获奖。 (3)培训基地认定情况。 (4)试点专业认定情况。 (5)精品课程认定情况。 (6)系部工作获奖、组织活动社会影响情况。 (7)学生外出参赛获奖。 (8)"双师型"教师培养	20	查原始资料： (1)科研成果获奖。 ①国家(部)级。 一等奖:加3.5分/项,参与者(前三名)依次加2、1.5、1.3分。 二等奖:加2.5分/项,参与者(前三名)依次加1.5、1.3、1分。 三等奖:加1.5分/项,参与者(前三名)依次加1.3、1、0.8分。 ②省级(含全国性学会、省级一级学会)。 一等奖:加2.5分/项,参与者(前三名)依次加1.5、1.3、1分。 二等奖:加1.5分/项,参与者(前三名)依次加1.3、1、0.8分。 三等奖:加1.3分/项。 ③市级(含省级二级学会)。 一等奖:加1.5分/项,参与者(前三名)依次加1.3、1、0.8分。 二等奖:加1.3分/项,参与者(前三名)依次加1、0.8、0.7分。 三等奖:加1.1分/项,参与者(前三名)依次加0.9、0.7、0.6分。 (2)教师参加各种教育教学竞赛获奖。 ①国家(部委)级奖励,一等奖加2.5分/项,二等奖加2分/项,三等奖加1.3分/项。 ②省级(含全国性学会)奖励,一等奖加1.5分/项,二等奖加1.3分/项,三等奖加0.9分/项。	当年1月1日~当年12月31日各种获奖原件、认定文件、相关证明材料。

续表

一级指标	二级指标	主评价点	分值	考核办法	备查资料
五、加减分	7.加分	(1)科研成果奖。 (2)教师教育教学获奖。 (3)培训基地认定情况。 (4)试点专业认定情况。 (5)精品课程认定情况。 (6)系部工作获奖、组织活动社会影响情况。 (7)学生外出参赛获奖。 (8)"双师型"教师培养	20	③市级(含省级学会)奖励,一等奖加1.3分/项,二等奖加1分/项,三等奖加0.8分/项。 注:同一项目系部和教师同时获奖,不重复加分。 (3)系部为学院争取到省厅级以上单位授予的培训基地。部级加3.5分,厅级加1.5分。 (4)专业获教改试点专业认定,国家级1个加3.5分,省级1个加1.5分。 (5)获国家级精品课程计3.5分/门;省级精品课程计3分/门;市级精品课程1.5分/门;院级精品课程计1分/门。 (6)每年度增加一名"双师型"教师计0.5分。 (7)系部工作获奖、组织活动社会影响情况。 ①系部工作获奖:国家(部委)级每项加2分,省级每项加1分,市级每项加0.5分。 ②系部组织活动获良好社会影响(市级及以上媒体报道):国家级每项加2分,省级每项加1分,市级每项加0.5分。 查原始资料: (1)学生参加学科性教学竞赛和职业技能竞赛获国家部委奖励,一等奖加2分/项,二等奖加1.5分/项,三等奖加0.8分/项;省(厅)级(含全国性学会)奖励,一等奖加1.5分/项,二等奖加1分/项,三等奖加0.6分/项;市级(含省级学会)奖励,一等奖加1分/项,二等奖加0.8分/项,三等奖加0.4分/项;院级奖励,一等奖加0.8分/项,二等奖加0.4分/项,三等奖加0.2分/项。	当年1月1日~当年12月31日各种获奖原件、认定文件、相关证明材料。

续表

一级指标	二级指标	主评价点	分值	考核办法	备查资料
五、加减分				(注:指导老师所在系部按60%计分,参赛学生所在系部按40%计分,合计最高为2分。) (2)学生参加文化、艺术、体育等大型活动获团体类奖:国家级1项加3分,省级1项加2分,市级1项加1分,院级1项加0.5分。(注:指导老师所在系部按60%计分,参赛学生所在系部按40%计分。合计最高分为3分)	
	28.减分	(1)重大安全责任事故。 (2)重大经济损失。 (3)违法乱纪现象	20	(1)系部因管理不到位出现学生伤残、死亡,出现非法集会、结社、游行等重大安全责任事故的减6分。(由保卫处、学生处认定) (2)因管理不善造成国有资产丢失或损坏,经济损失重大的(5 000元以上)减3~8分。(由国资处、保卫处认定) (3)系部工作人员出现违法乱纪现象,受到党内或行政处分的减2~6分。(由组织部和纪委认定)	各种事件处理原始记录。

5.3.3 完善职称评聘制度,拓展教师成长空间

1. 改革顶层设计,服务专业发展和人才培养

职称评审的标准、要求和规则不能照搬其他院校,必须结合学校自身特点,做好顶层设计,利用好职称评审这个有力指挥棒,为学校人才培养和高质量发展做好服务工作。学校在制定职称评审政策时,对申报人员的条件和标准要求应与当前学校发展的目标相吻合,符合学校未来一定时间内的发展需求,并能够契合学校现状,激发广大教师的工作热情。比如,与科研项目相关的条款,其项目的层次级别或经费情况要与科技产业部门既定目标相吻合,促进目标达成,鼓励教师在努力实现职称晋升的同时潜心科学研究和创

新发展。在设定学术论文相关条款时,要将人才评价、标志性成果和学术影响力等相结合,既要看学术论文的质量和在本专业内的影响力,又要避免唯论文数量和 SCI 指标的不良导向,激励教师认真总结科研成果,发表具有创新性的学术论文。在设定与创新成果、专利发明相关条款时,要契合学校产学研一体化和服务地方的职责。职称评审时,对绝大部分老师都应有合理的教育教学成果要求。同时,职称评审还应与学校的国际化发展需求和目标相吻合,促进教师的国际化发展和学校教育教学的国际化。

2. 在职称评定时要注重师德师风考核,建立具有正确价值导向的职称评聘制度

在职称评定中,对学术不端行为及道德失范行为实行一票否决制,并且在一定年限范围内不允许再次申报。学生的思想政治教育和品德教育不仅仅是思想政治教师与其他管理人员的职责,广大专业教师都应该担起学生德育的责任。每个教师都应该将成为"有理想信念、有道德情操、有扎实学识、有仁爱之心"的"四有"好老师作为职业生涯的终身目标。

3. 实施精准分类、多元评审

学校可将职称评审由原先单一的种类变成多类选择。学校的职称评聘可分为教师系列、学生思想政治教育系列、教育管理研究系列和实验技术系列,教师系列的职称跟原来相比,共设立了三种类型的高级职称,增加了教师职称晋升的通道。一是教学为主型。对于承担更多更高要求教学任务的教师,相应降低对其科研成果的要求,以其教学育人成果为主要评价依据,设立教学为主型职称。二是教学科研并重型。随着高学历教师的引进,学校整体科研水平有所提升,因此,鼓励教师在积极投身教学的同时将科研成果积极运用到人才培养上,对教师的教学和科研制定相对均衡的要求,设立教学科研并重型职称系列。三是科研推广为主型。高职院校同样肩负服务地方经济的任务和功能,鼓励教师积极参与和企业、政府的合作,积极输出或转化科研创新成果,促进地方企业转型升级,结合学校办学特色增设科研推广为主型职称。在实际过程中,对于学校紧缺的优秀人才,达到一定标准的,在引进时可直接聘为相应等级的专业技术职务。对校内的优秀人才,学校可单独设立优秀人才指标,与学校指标一并执行。

5.4 案例分享：专兼结合，打造金融科技应用教学团队

5.4.1 金融科技应用教学团队的建设发展历程

金融科技应用教学团队是苏州外包适应金融科技新业态发展组建起来的兼具前瞻性、包容性、突破性、开放性与创造性的跨界融合型教学创新团队，是坚持以立德树人为根本任务，旨在培养德才兼备，熟悉互联网金融、动态风险管理和大数据征信、互联网技术和金融数据商业分析等高素质跨界融合技术技能型人才，服务于苏州地区金融科技创新发展而全力打造的新型跨界融合的智慧教科研组织。金融科技应用教学团队依托金融管理与实务专业而生，金融管理与实务专业是苏州外包的老牌专业，现更名为"金融科技应用"专业，是江苏省重点专业群核心专业、江苏省示范院校专业群核心专业、江苏省成人高等教育重点专业与江苏高等职业教育专业群核心专业。

2008 年苏州外包筹建，2010 年学院撤筹建校，金融管理与实务专业是学校第一批设立的招生专业，当年即对金融教学团队进行了人员募集与团队打造，为金融科技教学团队的创建奠定了坚实的基础。经过 10 年的建设与发展，专业群建设成果丰厚，成效突出，社会认可度高，为园区及周边地区金融行业培养输送了大批优秀的技术技能型应用人才，也建成了由专业（群）带头人、骨干教师、青年教师、行业企业兼职教师等协同推进的教师队伍建设体系，打造了一支师德师风高尚、教学理念先进、"双师"结构合理、教学能力卓越、技术技能突出的一流教师队伍。

苏州外包金融专业发展历程如图 5-1 所示。

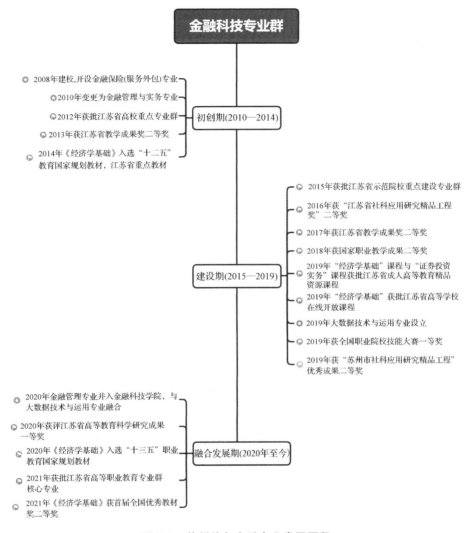

图 5-1　苏州外包金融专业发展历程

现今，国家高度重视金融科技发展，《中华人民共和国国民经济和社会发展第十四个五年规划和 2035 年远景目标纲要》指出，要"稳妥发展金融科技，加快金融机构数字化转型"，而将技术能力与金融需求相结合的复合型金融科技人才非常稀少，人才供需失衡正成为金融科技发展的最大挑战。未来五年内苏州工业园区将打造长三角金融科技创新与服务高地，建立区域金融中心，金融科技将成为园区腾飞的支点，金融科技岗位需求量存在巨大缺口，今后的岗位需求只会有增无减。为顺应苏州工业园区作为苏州地区区域金融中心，未来需要更好地提升综合金融服务能力的趋势，全方位支持自贸区苏州片区的建设与发展，学校成立金融科技学院，将金融管理与服务专业、大数据技术、大数据与会计和资产评估管理四个专业组合在一起，相互渗透、跨界互融，并整合学校优秀教师资源，由具备金融专业背景和信息技术背景的教师跨学科、跨专业打造一支高技能、高水平的金融科技教学团队。团队密切关注园区金融行业的发展变化，尤其是近期在国家倡导金融科技发展的背景下，以金融科技为根基、以大数据技术为依托积极调整人才培养方向，进行专业改革，融入区块链、大数据金融、普惠金融等金融科技领域相关前沿内容，发挥协同创新效应，积极优化专业群结构，进一步深化专业内涵建设。

5.4.2 金融科技应用教学团队的建设目标

学院以"四有"标准打造一支学历、年龄、梯队结构合理、政治素质过硬、业务能力精湛、育人水平高超、"双师"特色鲜明的教学创新团队，完善师德建设长效机制与教师培养培训体系，"智慧金融科技智库"实现骨干人才校企融通，专业领军人才与"双师"队伍建设水平居于全省领先地位，青年骨干教师储备充足，建成2个杰出技能大师工作室和2个名师工作室，引领教学创新与技术研发。形成适应科技创新、动态契合金融科技企业岗位需求的课程更新机制，构建通用基础课程共享、业务岗位课程分立、创新发展课程融合的模块化课程体系，加大课程改革与建设力度，优化课程内容，建设课程素材与项目资源，开发立体化活页教材，完成创新改革金融科技人才培养模式。同时团队对区内企事业单位的技术开发、技术转让、技术咨询等社会服务能力得到全面提升，实现了校企协同创新，形成了科技成果"院企＋院地"转化新模式。

5.4.3 金融科技应用教学团队的建设成果

金融科技应用教学团队是苏州外包金融科技学院为培养金融科技应用方向的技术技能型人才而组建的师资团队。金融科技应用教学团队以金融管理与服务专业为核心，构建了由大数据技术专业、大数据与会计专业和资产评估与管理专业共同组成的专业群，通过金融、大数据与传统学科融合，学科之间交叉融合形成了涵盖金融科技产业链各层次（基础层、技术层、应用层）的人才培养模式和实施平台，为区域领域人才的培养提供有力支撑。

近几年来，凭借国家及各级政府在金融科技领域的政策和资金支持，金融科技应用教学团队致力于人才培养模式的改革创新，创新校企合作和产教深度融合路径，进行跨专业融合教学改革，教学效果突出，形成了一支以面向金融科技领域、培养高素质技能型人才为目标的优秀团队。

1. 聚焦区域金融科技领域，构建"1234 型"人才培养模式，专业建设成果丰硕

金融科技应用教学团队依托 SISO-思必驰大数据产业学院、中融外包、银雁数据处理等单位，依据苏州市金融科技产业特点，校企共同设计、开发与实施专业人才培养模式和人才培养方案，构建"1234 型"人才培养模式。"1"：1 个"校企合作"的人才培养平台。"2"：2 个人才培养实施主体——学校和企业。"3"：基于工作过程导向的"3 化"（模块化、项目化、标准化）课程。"4"：4 个嵌入的"互动共赢"人才培养机制——企业人员"嵌入"师资队伍、行业标准"嵌入"课程标准、用人标准"嵌入"毕业标准、企业项目"嵌入"课程体系。

2. 构建跨专业"一核心三支撑"课程体系

教学团队依据金融科技多学科交叉融合的特点，分析金融科技、大数据等领域多元化、综合性人才的需求特征，构建了课岗、课证对接，项目导入，工作任务引领，以岗位职业能力培养为核心，满足金融科技领域特定需求，融合创新创业意识和能力的以"岗位课程"为核心，以"认证课程+订单课程+创业课程"为支撑的"一核心三支撑"课程体系，集聚各专业优势，建设互通共享的专业平台课程教学资源。课程体系中基础课程专业共享，核心课程独立设置，拓展课程跨专业互选，以使学生具备交叉学科发展的必要知识，具备专业技术领域的可拓展能力。基于学分制教学改革，实训课程跨专业开设和实施，跨专业组建实训小组和指导教师团队。

《经济学基础》被评为"十三五"职业教育国家规划教材，"经济学基础"课程获批江苏省高校在线开放课程；"Python 程序设计""证券投资分析"完成一体化课程建设，专业建设成果丰硕。

3. 深化和创新校企合作机制，构建多元化实践训练体系

教学团队构建了 SISO-思必驰大数据产业学院、大数据分析中心、金融数据分析中心、金融数据可视化平台等多个校内实训基地，并与招商银行和中国农业银行共建产教融合实训平台。学院与20多家知名行业企业在人才培养方案制定、课程资源开发、师资互聘、"嵌入式"人才培养、企业捐赠、校外实训实习基地、企业入驻校园、企业奖学金设立等方面深度合作并取得了良好的成效，形成了以校内实训基地为基础、以校外实训实习基地为有效必要补充的多元融合的实践训练体系。

4. 团队教学科研成果丰硕，教科研能力及社会服务能力凸显

教学团队长期以来教学与科研并举，教改科研成果丰硕，教科研能力和社会服务能力明显提高。近3年来，联合申请4项省级教学项目获批；主持市厅级以上教学改革研究课题10余项；建有省级在线开放课程2门；出版教材5部，其中"十三五"国家规划教材1部（获首届全国优秀教材二等奖），省级重点教材1部，国家师资队伍培训指定教材1部，新形态教材1部；出版学术专著2部；在核心期刊发表论文10余篇，在其他类别的期刊发表论文50多篇。此外，团队成员在教学成果奖，以及指导学生参与技能竞赛、信息化教学大赛、多媒体课件大赛及微课教学大赛等各种比赛中获得奖项若干。

学院依托学校的SISO-思必驰科研平台开展多种形式的培训和技术服务，通过企业委托开发和教师下企业顶岗工作等形式，广泛开展技术开发与服务，提高团队的辐射能力，打造地区金融科技特色团队，承担企业横向项目23项，申请专利、软件著作权20余项，完成专利成果转化3项。

第6章 践行互利共赢的内部治理机制

高职院校产业学院的治理，主要源于院系管理的理念，其内容可以分为治理主体、治理理念、治理目标、治理制度和治理文化5个方面。产业学院内部治理最终要达到的效果是：能够协调各个利益主体的关系，使各个主体在产业学院建设中各司其职，规范决策权，并满足利益主体的相关诉求。

6.1 产业学院内部治理结构分析

6.1.1 产业学院内部治理的内涵

一般而言，高职院校产业学院是高职院校、地方政府、企业联盟、行业协会等共同建设、共同投入、共同治理而形成的一种新型的产教融合组织，该组织内各参与主体既是产业学院治理的主体，也是核心利益的相关者。要通过优化产业学院内各治理主体的权利分配，明确和规范各治理主体间的权利范围和责任约束，实现产业学院治理体系的健康发展。

6.1.2 产业学院内部治理的要素

高职院校产业学院的内部治理要素主要包括治理主体、治理内容、治理组织、治理制度和治理机制5个方面。

1. 治理主体

高职院校产业学院的治理主体包括高职院校、企业联盟、政府、行业协会等。在产业学院，治理主体是实现产业学院健康发展的核心力量，对产业学院的建设成果有直接影响。各治理主体是典型的利益相关者组织，它们之间既相互独立又紧密联系。各个治理主体通过制定章程、签订协议、建立制度及相关的议事规则等形式，明晰各自的职责定位和工作内容，确定各主体间的权利分割、责任分担与利益共享，促进各治理主体间的有效协同，共同推进产业学院的发展。

2. 治理内容

治理内容作为治理主体意志的直接载体，是高职院校产业学院内部治理结构的重要方面，也是高职院校产业学院治理现代化的具体呈现。[①] 治理内容随着外部环境的变化而不断演化，在教育治理现代化背景下，结合高职院校产业学院的内在发展逻辑和教育治理现代化的基本要求，高职院校产业学院的治理内容主要包括人才培养质量提升、专业建设质量提升、校企合作开发课程、实习实训基地建设、高水平师资队伍建设、产学研服务平台建设、管理体制创新等。高职院校产业学院的治理不是职业学院传统模式的照搬，而是要突破传统路径依赖，充分发挥产业优势，以区域产业发展急需人才为牵引，不断优化专业结构，增强办学活力，创新人才培养模式，提升人才培养质量，打造集人才培养、校企合作、创新创业、科学研究等功能为一体的产教融合平台，提升高职院校办学水平。

3. 治理组织

治理组织对产业学院的长期发展至关重要，一个有效的治理组织可以实现以下目标。（1）明确角色和责任。各个治理主体都可清楚自己的角色和责任，从而避免混淆与冲突，提高产业学院的工作效率和协同合作能力。（2）加强透明性和问责制。确保决策过程的科学性和合理性，减少不当行为发生，通过建立问责制度，提高组织的整体绩效。（3）提高决策质量。一个完善的治理组织可以确保决策过程的科学性与合理性，减少主观因素干扰，提高决策的质量。（4）保护相关方利益。避免损害治理主体的利益，有助于组织的可持续发展。

---

① 陈磊. 教育治理现代化背景下高职产业学院内部治理结构的优化研究［J］. 天津职业大学学报，2023，32（5）：51-55.

4. 治理制度

治理制度是高职院校产业学院内部治理结构的主要契约载体。各个参与主体以契约的形式，通过共同协商建立一套科学、适时调整和不断完善的制度，这种达成共识的契约，能最大限度确保各方合法权益的实现。

《现代产业学院建设指南（试行）》指出：要赋予现代产业学院改革所需的人权、事权、财权，建设科学高效、保障有力的制度体系。高职院校产业学院的治理主体一般由政府、学校、行业、企业等多元主体构成，各个主体要严格按照制定的相关规章制度展开工作，从而实现多元治理主体权利行使和利益分配的平衡与协调。一般而言，治理制度是依据组织章程而构建的，对于高职院校产业学院而言，要充分发挥章程在内部治理中的关键作用，无论是理事会治理模式，还是法人治理模式，都要建立学院章程，主要包括办学宗旨、主要任务、经费投入、办学体制、运行机制和管理模式等内容。

5. 治理机制

为了使产业学院中的表决、监测、权利调整、利益分配、人事任免等一系列程序高效运行，需要有对应的一系列治理机制，通过规范有序的运转和协同发展，实现高职院校产业学院的办学目标。治理机制主要包括参与机制、决策机制、执行机制和监督机制等。

6.1.3 产业学院内部治理的理论

1. 利益共享治理理论

1965年，美国学者安索夫将"利益相关者"这一概念引入管理。1972年，美国宾夕法尼亚大学沃顿商学院首次开设"利益相关者管理"课程，标志着利益共享被学术界和企业界所接受。利益共享是指在特定的社会背景和历史条件下，参与治理的不同利益主体对其共同的利益进行分享。① 在利益共享之下，各利益主体能公平、公正地分享利益，从而使治理结构中的利益

---

① 李可欣. 基于利益共享的产业学院治理结构优化路径研究［J］. 职业教育研究，2022（1）：57-61.

格局保持平衡。①

将利益共享理论应用于产业学院，其原因在于产业学院是一个典型的利益相关者组织，产业学院不同于企业或普通高职院校，它是带有混合所有制属性的非营利组织，追求的是社会效益的最大化，其理念的实现需要各利益相关者共同协作。因此，在利益共享视角下研究产业学院的治理结构，不仅能厘清政府、行业、学校、企业等利益相关者之间的关系和角色定位，明确其权利边界和利益诉求，还能打造利益相关者参与产业学院治理的动态平衡，破解产业学院发展中由于利益主体冲突所造成的问题，从而实现产业学院治理结构的优化。因此，在产业学院建立起内部治理结构以促进各利益相关者的融合共生，平衡各主体间的权利，是实现产业学院效益最大化的关键。

2. 多元协同治理理论

多元协同治理理论是一种新的社会科学理论，致力于研究影响全球发展的多种因素，目标是探索在不同领域协调发展的可能性，这些领域包括环境、经济、社会、政治、文化和信息等。

多元协同治理理论对于当今社会发展具有至关重要的意义。它强调各个领域之间的协同作用，以达到最优效果。

3. 战略联盟治理理论

战略联盟概念最早是由美国数字设备公司总裁简·霍兰德和管理学家罗杰·奈格尔提出的。他们认为，战略联盟是由两个或两个以上的公司，出于对整个市场的预期和对公司总体经营目标、经营风险的考虑，为了公司共同的战略目标，通过各种协议而结成的优势互补、风险共担的松散型组织。建立战略联盟，实际上是通过企业间的合作，实现优势资源的互补和风险的分摊，弥补一般市场交易的不足，从而为企业创造价值。

战略联盟是组织学习和知识转移的一种重要途径。产业学院的成立可以解决经验性知识转移的问题，即通过组建产业学院，建立一个便于知识分享的途径，将双方的经验性知识移植给对方，真正达到产教融合、协同育人的目的。

---

① 刘占奎. 利益共享理念与机制论述：基于和谐社会视角下的研究［J］. 新西部，2019（23）：11-12.

第6章 践行互利共赢的内部治理机制

6.2 产业学院内部治理困境分析

产业学院在迅速发展的同时也面临着治理方面的诸多困境。对造成治理困境的原因进行分析,有助于发现产业学院治理的症结所在,从而优化产业学院的治理路径。

6.2.1 顶层设计不足

当前绝大多数产业学院的治理困境集中表现为治理组织不健全、治理架构不完整、产权不清晰等。[①] 政府作为产业学院建设的主要推动者,在产业学院治理方面的作用主要体现在政策的制定上,即通过政策供给来支持产业学院的建设与治理。然而在现实中,由于治理方面的法规缺失,多元治理主体在出现利益冲突时缺乏解决的依据,权、责、利界定不清制约了企业参与治理的积极性。另外还有政策激励不足的问题。[②]

1. 缺乏顶层设计指引

由于相关政策未对行业企业参与产业学院的具体路径做出明确指导和规定,诸多行业企业在具体实践中角色模糊、地位尴尬,处于被动参与的状态。[③] 如在创建产业学院的实践过程中,学校多直接与相关优势企业合作成立产业学院,这种产业学院多以优势企业名称冠名。从理论上说,产业学院的建立与发展应以整个产业为依托,但现实情况是只有少数优质行业企业可以参与创建产业学院,这就导致同一产业链上其他行业企业很难参与其中,这种行业排他性影响了产业学院人才培养的覆盖面和影响力。

---

① 聂劲松,胡筠,万伟平. 多元化与集成化:产教融合组织形态的实践演进 [J]. 职教论坛,2021,37(2):33-39.

② 吴金铃. 基于产教融合的高职产业学院建设探析 [J]. 教育与职业,2019(18):31-35.

③ 周红利,吴升刚. 高职院校产业学院的演化综述 [J]. 中国职业技术教育,2021(18):65-69.

2. 政策制度的可操作性不强

为了有效创建产业学院，国务院及相关部委先后颁布了一系列政策文件。2017年，《国务院办公厅关于深化产教融合的若干意见》（国办发〔2017〕95号）提出鼓励企业依托或联合职业学校、高等学校设立产业学院。2020年，教育部办公厅、工业和信息化部办公厅印发的《现代产业学院建设指南（试行）》提出"以区域产业发展急需为牵引，面向行业特色鲜明、与产业联系紧密的高校，重点是应用型高校，建设一批现代产业学院"。2021年，中共中央办公厅、国务院办公厅印发的《关于推动现代职业教育高质量发展的意见》明确提出"推动校企共建共管产业学院、企业学院，延伸职业学校办学空间"。2022年，工业和信息化部等五部门联合发布的《关于推动轻工业高质量发展的指导意见》（工信部联消费〔2022〕68号）提出"鼓励普通高校、职业院校（含技工院校）、科研机构和企业建立联合培养模式，建设一批现代产业学院，加快建立多层次的职业教育和培训体系"。2022年5月1日，新修订的《中华人民共和国职业教育法》（简作《职业教育法》）正式实施，其明确规定职业教育必须坚持产教融合、校企合作，企业可以举办或者联合举办职业学校，对深度参与的企业按照规定给予奖励。《职业教育法》中的相关法律条款，为深度开展校企合作、建立产业学院提供了法律依据。① 但国家政策的颁行更多的是基于国家经济结构转型、产业结构升级的宏观层面的指导，实际的政策执行还有赖于地方政府。

从地方政府层面来看，目前有15个省（市、自治区）出台了产业学院的政策文件，其中重庆、北京、广西、辽宁等4个省（市、自治区）出台了关于职业教育产业学院建设的相关文件和试点政策。例如，北京提出建设工程师学院和技术技能大师工作室，打造一批具有辐射引领作用的高水平专业化产教融合创新平台；辽宁规划建设一批兴辽产业学院；重庆明确由市教委会同有关部门协同职业院校、地方政府与合作企业，加强对产业学院建设及运行的指导，开展招生改革试点，允许职业院校根据产业人才培养需求设立单独招生计划，在招生指标和项目评审方面给予政策倾斜；广西提出以校中院、企中院、园中院等方式吸引行业优质企业与学校共建产业学院，把产业

---

① 邢晖，曹润平，戴启培. 高职院校产业学院现状调研与思考建议［J］. 国家教育行政学院学报，2022，297（9）：20－29.

学院打造成广西职教品牌。地方政府层面的政策在内容上与国家层面的文件雷同，缺少地方特色，脱离地方实际；有的地方政府虽提出要创新高等教育组织，却未直接指出要创建产业学院，在制定政策文件时未考虑周全，体现出一定的模糊性，表面化特征明显。①

由此可见，尽管创建产业学院得到了国家、地方政府在不同层面的重视与推进，但目前，政府在政策指引、顶层设计、宏观调控、统筹协调，推动产教融合深入发展、助力产业学院治理优化等方面发挥的作用不明显，存在缺位现象，因此未能有效激发各主体形成协同合力。

6.2.2 行业企业深度参与不足

1. 行业未发挥统筹协同作用

行业协会是由某个行业内的企业或个人自愿组成的组织，其主要目的在于维护行业成员合法权益、促进行业协同发展，以及承接政府任务并向政府反映行业发展等。在产业学院建设中，行业协会是企业与学校之间沟通的桥梁。② 但行业协会的地位较弱，在参与治理方面缺乏积极主动作为的意识，这往往造成行业协会角色定位模糊，这类组织基本形同虚设，因此很难发挥统筹协同的作用。

2. 企业片面注重经济利益

企业是产业学院办学的结构性主体，在资源投入、经费支持、技术设备更新等方面具有优势。企业立足经济效益，以经济利益最大化为原则，追求经济效益，实现资源共建共享。一是企业期望与地方政府、高职院校合作，建立良好的社会声誉，吸纳优秀人才，获得最新的行业发展动态，并依靠高职院校人才培养优势，解决企业人力资源匮乏的问题，增强自身的市场竞争力。二是企业期望通过合作，优先获取高职院校的科研及技术成果，依托地方政府部门及高职院校，加强企业内部职工的培训和继续教育，实现企业的可持续发展。三是企业争取成为产教融合型企业，这样可享受抵免应缴教

---

① 聂伟. 产业学院的理论认知和实践形塑［J］. 职教论坛，2021，37（9）：26-30.
② 罗秋雪，凌妙. 基于理性选择理论的现代产业学院多主体协同治理结构的利益与政策建议分析［J］. 高教学刊，2023，9（32）：11-15，21.

费附加和地方教育费附加等优惠。取得显著成效的企业，还可享受地方政府给予的"金融+财政+土地+信用"的组合式激励政策。企业以产业学院为载体，与学校合作共同开展人才培养，可以有效促进教育链、人才链与产业链、创新链的有机衔接，推进人力资源供给侧结构性改革，形成校企"双赢"的局面。①

在这种情况下，一方面，行业应当扭转被动参与治理的局面，发挥统筹协调作用；另一方面，企业要在关注经济利益的同时承担服务社会的责任。只有协调好行业、企业的相关利益，才能激发行业企业参与产业学院建设的积极性。

6.2.3 部分治理主体地位缺失

由于主体的多元化，当前我国高职产业学院主要采取董事会制度或理事会制度。在理论层面，这将推动高职院校产业学院内部治理结构的现代化建设，但在实际操作中，也暴露出了权力分配失衡和治理主体缺位的典型问题。多元主体间的权力协调与分配难以达到平衡状态，无法真正实现共同治理下的利益共享。② 具体来说，企业、院校和地方政府等各主体间的权力失衡，可能造成内部治理中的"一言堂"情况，而这样的治理结构显然违背了各主体共同参与治理的初衷，进而使产业学院整体治理体系变得尤为混乱。就院校主体而言，若其权力过大而使企业未能实质性地参与产业学院的治理，则会使多元化治理结构流于形式，教育与市场间的关系被割裂。就政府主体而言，若其权力过大则容易忽视院校、企业的办学效益，进而导致其他治理主体缺失话语权，从而形成实际的行政化治理格局。相应的，若政府主体的权力过小，使高职产业学院失去了政府参与治理的特色，则难以协同多元主体共治，政府主体的缺位容易带来治理机制的脱节。就企业主体而言，若其权力过小，那就只能发挥辅助协同的作用；若其权力过大，则容易使高职产业学院在人才培养过程中缺乏系统化的指导，最终对高职产业学院的育人质量产生较大影响。因此，需要重视权力的制约和监督权的设立，以减少

---

① 卢广巨，余莎，胡志敏. 利益分析视角下产业学院的发展逻辑与治理策略［J］. 职业技术教育，2021，42（7）：49-53.

② 慕芬芳，郭伟，刘超，等. 多元治理视角下我国高职院校现代学徒制治理模式研究［J］. 职业教育研究，2023（11）：27-32.

多元治理机构空置、一方主体过度干预引起的内部治理乱象。①

6.2.4 缺乏现代化的治理体系

产业学院作为新生事物，其在治理理念、治理目标、治理结构、治理制度、治理文化等方面仍处于探索阶段，产业学院的多元治理格局尚未形成，从而导致其治理能力不强。

1. 思想认识不到位，治理理念滞后

目前来看，各大高校创建的产业学院多以二级学院为依托，尚未完全脱离传统院系治理的影响，忽视了结合自身的办学规律与发展特点去构建科学的治理体系，从而提升治理能力。所以，产业学院在治理理念上还停留在管理主义阶段，即组织的各方面都按照一定的结构、程序和责任模式进行管理，体现出行政主导为主、集权化特征明显的倾向，致使其学术权力也没有得到应有的发挥，不仅制约了自身的发展，亦未能激发办学活力。

2. 治理目标模糊，缺乏前瞻性设计

在实践中，校企双方不同的利益诉求制约着产业学院的预期育人成效。首先，在人才培养目标上，学校在重视学生专业技能学习的同时也注重学生的全面发展，但企业更看重对学生技术技能的培养。因此，校企两方在人才培养规格和目标上呈现出异质性特征，体现在治理目标上就是学校层面的全人培养目标与企业层面的技能育人目标相冲突。此外，企业作为产业学院人才培养质量的直接评价者，其所关心的是产业学院所培养的人才对于自身营利发展的契合性，以实现自身利益的最大化。但企业注重的是经济效益及知识的转化，这在一定程度上忽略了长远的战略性思维，仅将产业学院看作是一定时期内基于特定需求而进行的短期合作形式，一旦企业的经营策略调整或阶段性人才培养需求有所变化，创建产业学院的动力就会随之消退，最终使产业学院流于形式。

3. 治理结构失衡，关键性主体缺位

产业学院呈现出典型的利益相关者的组织特征，其利益相关者涉及政

---
① 聂梓欣. 高职产业学院内部治理结构与模式研究 [D]. 上海：华东师范大学，2022.

府、行业、企业、公民社会等诸多要素。这就使得产业学院的治理由传统的学术治理向共同治理转变，但由于各主体不同的利益诉求，政府、行业、企业等外部主体对产业学院的治理造成冲击，产业学院的治理结构失衡，致使产业学院的治理面临困境。这就要求产业学院以自身为根本，通过合理的权力配置妥善处理好与利益相关者之间的关系，从而建立与知识生产相适应的治理结构。作为新型教育组织形式，产业学院在财务、人事等方面获得了一定的管理自主权；但产业学院与学校之间不甚明晰、不够对称的责权划分，使二者之间产生了较为突出的结构性矛盾，产业学院在人、财、物等相关资源统筹和配置方面的权限仍然非常有限，且与行业企业存在一定的利益冲突。这就导致产业学院各主体间产生权力失衡，行政、学术、市场权力形成博弈，由此给产业学院的治理造成了一定的阻碍。

4. 治理制度不健全，贯彻执行不到位

完善的治理制度是产业学院建设的基础，在多元主体共治共管过程中具有重要意义。创建产业学院是以推动地方经济社会发展为目标，不断优化专业结构，增强办学活力，探索产业链、创新链、教育链的有机衔接，建立新型信息、人才、技术与物质资源共享机制，完善产教融合协同育人机制，从而更好地服务于地方经济社会。但在实际办学过程中，相关治理制度不健全，制约了产业学院的发展。

6.3　产业学院内部治理实践模式

6.3.1　多元民主协同治理模式

1. 协同治理模式建设路径

（1）进一步明晰产业学院定位。对于产业学院的建设，各方应当建立相应的合作关系，构建产业发展共同体，建立更为紧密的产业链和创新链，明晰"产业学院为产业"这一本质目标，进而构建更有利于创新型人才培养的新型合作办学机制，推动各方合作延伸至整个产业创新生态链。高职院校必须把产业学院办成更具产业优势和人才培养优势的教育基地,要突出学科专业、产业和市场的深度融合,而不是简单地把学科与专业或企业拼接在一起,一定要打造更加完善的产业链条和创新链条,形成更完善的学术、产业、教育生态新体制。苏州外包与生物医药公司创建的产业学院实行企业化管理,独立运行,管理结构扁平化,为学校、政府、企业、协会等多个主体协同育人创造了良好生态环境。产业学院的办学目的应注重向应用型学院转变,要突出产教融合的校企合作,加大科研创新;应注重高素质人才培养,提升学科研究的成果价值和市场竞争力;应注重让创新型人才适应产业发展,推动行业进步。产业学院要培养高素质、高技能人才,以此来服务产业发展,促进企业创新,并且能够实现多元协同,组建学校、企业乃至行业的发展共同体,实现教育、企业、产业的深度融合,让产业学院在高职院校、企业、政府之间起到更好的纽带和桥梁作用,并形成更加完善的长效协同治理机制,推动产业创新、技术创新和行业发展。

(2) 构建符合各方利益需求的治理结构。产业学院的办学涉及多个主体,参与各方的利益诉求各不相同,构成了多元化的利益关系。多元的利益主体为产业学院提供了更为全面的办学资源和技术研发保障,应充分调动各方的积极性,充分发挥各方的优势,满足各方的利益诉求,实现投入、贡献和利益的均衡协调,构建符合各方利益诉求的治理机构,以进一步提升产业学院的治理效率,形成利益共同体。产业学院构建治理体系时,要充分研究市场变化和行业发展特点,坚持以市场规律为基本指导,使人才培养、技术研究等与市场接轨,瞄准市场所紧缺的人才培养和技术研发及工艺研究,既要节约教育资源,降低研发成本和人才培养成本,又要满足各方的利益诉求。坚持合作共赢,为高职院校带来更为先进的产业资源和实习平台,借鉴更新的办学模式和办学经验,提高人才培养质量,帮助学生更好地就业,为学生创业提供更好的资源与平台,也为企业技术攻关、工艺改进等提供强有力的支持,为企业创造更多的直接产值和经济效益,为政府推动当地教育发展和经济发展做出更大贡献,使产业学院具有更强的影响力。

(3) 完善产业学院协同治理体制。教育的服务主体是学生,产业学院作为新时期我国高等职业教育发展创新的基本体现,应当担负起全面服务新时代学生的责任与义务。在新时期要坚持以市场为导向,以服务学生发展为目标,进一步优化产业学院治理结构,制定更加完善的产业学院章程,以此来建立更加多元的治理机构，推动高职院校产业学院治理现代化。产业学院要更加积极主动地与股东合作，探索产教融合创新发展道路。产业学院在治理过程中一定要充分考虑各方的利益诉求，尤其要重视各方面的资源优势，以推动产业学院人才培养、学术研究、技术创新为根本宗旨，组建更加合理的理事会，制定理事会章程，并明确高职院校、企业、政府及其他社会机构的责任、权利和利益诉求，以此构建一个多元化的长效协调管理或治理机制，确保各方能够围绕产业学院共享资源，共担责任，共享成果，形成更加科学稳定的决策机制，实现管理权力的科学分配。很多高职院校产业学院都是通过与区域经济龙头企业展开合作而组建的，在学科设置、人才定位、技术研究、产教融合等方面应充分考虑当地区域经济情况，尤其是主导产业和龙头企业的实际。如中山市在国家电梯特色产业基地科技园区与中山职业技术学院共建南区电梯产业学院，共育人才、共训技能，为中山区域电梯生产与制造、安装与维保企业输送了大批高技术高技能人才。

2. 模式评价

（1）典型特征。一是治理主体的类型多、数量多。共同治理模式可以由院校、企业、行业协会、研究院所、政府等各种类型的组织参与，各类型主体都有明确的符合自身特色的治理职责与权力。同时，参与主体涉及的数量比较多，特别是可以有数个企业同时参与，而这些企业通常是行业相关，能够形成一个较为完整的产业链。因此，共同治理模式强调理事会的构成，保证了各主体在理事会中的理事地位。二是由政府直接介入。在此模式中，政府可以直接参与高职院校产业学院的内部治理，充当内部治理结构的协调者。政府治理的主体地位保证了产业学院内部治理结构的稳定性，有效平衡了各主体之间的利益诉求，甚至还能为高职产业学院整个治理提供政策支持和资源保障。三是强调建立多元协调的治理制度。共同治理模式的关键就在于协调主体间的矛盾，规范各主体的行为。因此，需要建立健全产业学院治理的相关制度，对资产管理、资金使用、教师评聘等方面内容进行详尽的细化。

（2）建设重点。共同治理模式是学校、企业、政府、行业等多元主体参与共建的内部治理结构，多元主体的参与能使高职院校产业学院内部治理的决策更科学、执行更有力。但是，如何有效发挥产业学院内部治理结构中各主体的治理功能、协调各主体的利益诉求是共同治理模式建设的难点。如果没有贯彻共同治理的理念，没有明确各主体的权、责、利，就会导致内部治理结构的混乱与松散。因此，共同治理模式需要从理念、决策、执行、监督等各方面贯彻落实共同治理的理念。

6.3.2 院校领导集权治理模式

它是指以院校为主导，行业企业多方协同构建的产业学院内部治理结构。通过以院校党委领导、产业学院理事会决策、产业学院领导班子执行的三层级运行机制，协同治理，有效配置多方资源，是促进产业学院人才培养核心价值实现的有效路径。

1．院校领导集权治理模式建设路径

（1）实行党委领导下的三级贯通治理内部治理机制。产业学院党委书记由高职院校党委委派，负责探索创新产业学院运行机制，明确产业学院理事会与领导班子的职责权限；理事会由高职院校与行业企业按照人数比例选派组成，其中，理事长由企业领导担任，副理事长分别由行业协会、高职院校选派领导担任。理事会负责产业学院重大事项的决策。产业学院领导班子在学院章程的指导下，联合校、企、行等共同商议专业群建设计划、制定人才培养方案、开发研究项目、共享教育和市场资源。

（2）坚持高职院校主导学术治理权以统筹人才培养工作。高职院校产业学院拥有内涵更为丰富的学术治理权力，因此应由高职院校方负责整合各方优势资源，以保障产业学院人才的高质量培养。在学术治理机构建设方面，在高职院校专业群负责人的指导下，高职院校各专业带头人与行业企业专家成立专业群建设委员会。专业群建设委员会可下设项目推动委员会，项目推动委员会主要由高职院校各专业带头人及教师组成，行业企业专家任项目推动委员会顾问，负责专业群各项目的实施，并对专业群建设委员会负责。在学术治理的义务方面，行业协会要充分发挥引领作用，整合行业优质资源，及时向产业学院发布最新数据与质量评价标准，并提升产业学院相关教学标准的国际影响力；外资企业要发挥国际顶尖企业的全球影响力，协助建设具有世界水平的校内实训基地。

（3）建立行业企业等多方参与的内部治理监控体系。为保证集权治理模式中的决策、执行的科学合理性，产业学院应建立多元化的内部监控机构，该机构主要由企业、行业、学生、教师等利益相关方共同组成，负责对产业学院的专业建设、项目管理、经费使用、资源分配、人事聘用等治理内容进行监督评价。构建产业学院内部质量保障体系，形成自主管理、自主发展、自主约束机制，使信息沟通的渠道更加畅通、多元主体权责的划分更加清晰、治理机构的结构更加合理、治理机制的运行更加科学，促进产业学院治理能力不断提升。

2. 模式评价

（1）典型特征。一是内部治理结构由高职院校主导。在集权治理模式中，高职院校通常具备高水平的专业群，在专业建设方面具有很大的优势。因此高职院校在该模式中占主导地位，决策机构、最高执行机构的领导负责人主要由高职院校选派，同时由其他参与主体任副职，以保障共同参与治理。二是强调学术治理与人才培养。集权治理模式主要以专业群的建设为治理逻辑，因此在学术治理方面具有特色鲜明的业务机构与部门，多元主体的治理内容主要是教育资源的最大化配置和使用。同时，产业学院的内部治理为人才的培养服务，明确各主体学术治理方面的义务。三是重视建立现代化的内部治理监督保障。由于高职院校在集权治理模式中占主导地位，为了避免产业学院的内部治理结构出现行政化问题，该模式更加注重建立由企业、行业等多方参与的现代化监督机构。

（2）建设重点。集权治理模式十分强调院校的主导地位，这在一定程度上能够增强高职院校产业学院在学术治理方面的经验。但需要注意的是，集权治理模式如果缺乏相应的权力制衡，就会影响高职院校产业学院的独立运行，阻碍其内部治理结构的现代化建设，同时也会使其他主体难以参与产业学院的内部治理。因此，该模式在保持专业建设与人才培养的特色时，需要注重权力的平衡，通过建立多元主体参与的监督评价机构和监督治理机制，有效保证该模式的权力制衡。

6.3.3 产业引领分权治理模式

1. 产业引领分权治理模式建设路径

在校企合作中，校企双方投入人力资源、场地、设备、运行经费等。在人力资源投入方面，根据双方协商组建并管理教学和研究团队。在场地投入方面，高职院校前期提供场地用于设备使用、人员办公、技术研发等，企业

第6章 践行互利共赢的内部治理机制

提供理论教学场地和技能实训基地。理论教学场地由企业内部的培训学员提供，技能实训场地靠近生产一线以方便学生进行生产性实训。在设备投入方面，前期主要由高职院校出资采购大型高精尖设备，设备产权归高职院校所有，后期如需增加其他设备，双方协商同意后由所获课题经费或校企双方投资采购。由高职院校采购的设备可放置于企业提供的场地内，由企业专人管理，供校企双方使用。在运行经费方面，院校每年投入部分资金作为项目启动与运行经费，企业以场地租赁与管理形式投入经费。

2. 模式评价

（1）典型特征。一是校企双方本身拥有悠久的合作历史和深厚的合作基础，相互间的信任度高。分权治理模式需要双方拥有较高的信赖程度，以使治理结构保持一体化的状态。假使治理主体间缺乏信赖，采用分权治理模式就可能使内部治理结构变得松散，导致分而不合，最后合作就会流于形式。因此，采用此种模式需要各主体间有较为长久的合作，且进展也较为顺利。二是内部治理结构由企业方主导。分权治理模式以企业总经理为产业学院的首席顾问，也就是由企业的高级管理者进行主导，这保障了企业的主导地位，提升了企业的话语权，增强了企业参与产业学院治理的主动性。因此，保障治理主体的地位不仅要在理念上得到贯彻，还需要在组织构成、职位设置上有所体现，并给予实质性的保障。三是由大型企业与高职院校进行一对一的合作，企业拥有大量的资源支持。分权治理模式通常是高职院校和企业两个主体参与治理。因为大型企业拥有顶尖的技术工艺、雄厚的财力资本、成熟的培训体系等资源，甚至能够独立支撑产业学院的运转，因此分权治理模式中的企业以大型龙头企业为主。

（2）建设重点。分权治理模式是校企一对一参与治理，而且是企业占主导地位，因此其内部治理结构对某个特定企业具有很强的依赖性。考虑到企业会根据行业和自身业务发展调整战略规划，在内部治理结构方面的稳定性不高，因此，需要在内部或高职院校治理结构建设过程中，制定好整合、流转、退出等相关制度，以防企业一方治理主体的变化带来不利的影响，保障各方利益不受损害。

6.3.4　三种模式的对比与反思

1. 三种模式的对比

上述三种模式都具有高职产业学院内部治理结构本身的特色属性，例如其内部治理的主体是多元化的，并且都建立了多元参与的最高决策组织，下面主要针对三种模式的不同点进行区分和讨论。

（1）主体多元性。尽管三种模式都是多元主体共同参与治理的，但是每种模式在具体的主体构成上又各有特色。共同治理模式具有丰富的主体类型，院校、政府、企业、行业协会、产业园区、研究院所等都是内部治理结构的主体，且对参与的数量不做限制；集权模式是在高职院校主导下形成的模式类型，该模式下的高职院校通常在专业建设方面具有较强的优势，主要与市场主体进行合作，对市场主体参与的数量不做限制；分权治理模式是由特定的某个大型企业与高职院校作为产业学院内部治理结构的主体，通常体现为企业和高职院校的一对一合作。因此，三种模式中，共同治理模式的主体多元性最高，分权治理模式的主体多元性最低。

（2）主体参与代表。在不同的内部治理结构模式中，各主体参与治理的代表是不同的，这主要体现在企业的参与方面。在共同治理模式中，由于对人才培养有着高度一致的目标，因此企业的参与代表主要来自公司人力资源部门或培训部门；在分权治理模式中，由于双方已有较好的合作基础，因此企业的参与代表一般多为公司的经理等高层管理者；在集权治理模式中，由于是以专业建设作为治理的逻辑，因此企业的参与代表通常是企业核心业务部门的主任。

（3）联结程度。联结程度指内部治理结构中各主体相互间的信赖程度，较高的联结程度有利于促进主体治理行为的一致性，进而使内部治理结构高效运行。共同治理模式可以由政府介入参与治理，其内部主体的互动关系主要依靠政府给予的政策保障。由于共同治理模式拥有最多样的治理主体，各主体在空间位置上相关度较低，因此主体间的联结程度相对不高。分权治理模式下的校企双方通常具有良好的合作关系，本身就具有较高的信赖程度，因此主体间的联结程度很高。集权治理模式主要依赖高职院校专业的建设活动，因此主体间的联结程度相对较高。

（4）监督管理。内部治理结构需要重视权力的监督与制衡。从上述三种实践模式来看，集权治理模式更加重视监督管理，并且是以企业、行业构成监督委员会以保障内部治理结构的科学合理。分权模式本身就是权力的相互制衡，因此主体间在无形中形成了一种相互监督的关系。共同治理模式由于是最多元的主体参与，因此更强调在决策层面就确定好权力制约的组织结构。

2. 三种实践模式反思

共同治理模式、分权治理模式和集权治理模式是高职院校产业学院内部治理结构的三种典型模式，每种模式展现出特有的治理主体和权力互动关系。当然，在高职院校产业学院内部治理结构建设实践中，由于主体及主体间权力的互动关系是动态的、多变的，因此以上三种模式并不能完全代表当前的所有实践模式。同时，也由于这种互动关系的多变性，因此高职院校产业学院内部治理结构模式并不是不变的，也可能伴随着实践的推进不断变化。同时，需要辩证地看待高职院校产业学院内部治理结构的实践模式，内部治理结构的建设没有万能的参考模板，实践模式的建设重点也可以转换为模式自身的优势。因此，针对高职院校产业学院内部治理结构的模式选择，主要是要明确高职院校产业学院的发展规划、高职院校产业学院各主体的利益诉求等，据此选择或建构能最大化保障各主体间利益的产业学院内部治理结构的实践模式。

6.4 保障治理主体合法权利

6.4.1 明确产业学院的法律性质与地位

政府作为创建现代产业学院的政策制定者、推动者，其在产业学院实现治理优化中的作用是十分显著的。政府应在创建产业学院的过程中不断加强顶层设计，为产业学院的创建、管理、运营提供制度保障，促进各参与主体形成合力，共同治理好产业学院。

1. 中央政府：加强产业学院建设的顶层设计

中央政府作为创建产业学院的政策制定者要加强顶层设计。首先，中央政府要明确产业学院的法人地位。目前各高校的常见做法是将现代产业学院置于二级学院之中进行创建，这就使得产业学院在现行国家法律框架中未获得明确的法人地位，这一尴尬处境使得产业学院在进行重要决策和长效运行方面的作用受限。因此，需要中央政府加强顶层设计，通过健全相关法律法规与行政立法手段来确定产业学院的法人地位，使其脱离传统院系治理的桎梏，发展成为办学实体，实现独立运营，提升自主性，推进产业学院治理实现优化。

其次，中央政府应进一步完善产权管理制度。知识生产模式转型所表现出的异质性和组织多样性特征使得产业学院具有多主体合作共建的特点。为促进产业学院的良性发展，中央政府除了通过完善法律法规来赋予产业学院独立主体权并从宏观层面约束、规范各主体的治理行为外，还需构建明晰的"共赢"产权管理制度，从而保障多元主体参与办学的利益。第一，中央政府要通过制定产业学院产权界定管理制度来规训产业学院各主体的行为，激发各主体参与治理的积极主动性。第二，国家应推动教育资产产权评估标准的建立，发展教育产权市场，促进资源的有效利用。第三，由于产业学院产权包括国有产权、集体产权、私有产权等不同类型，因此，中央政府应抓紧构建适应产教融合深入发展和产业学院良性运转的法律保护机制，保障国有资产在办学过程中不流失和社会资本投入在办学过程中不受侵害。

最后，中央政府应进一步提升行业协会的社会地位。中央政府除了强化产业学院的独立法人地位外，还应关注和改变行业协会的尴尬境地。行业协会在产业学院治理中发挥着重要的协调、沟通作用，但由于其社会地位不高，被赋予的权限相对较小，其在产业学院治理中话语权不高，难以切实发挥治理功能，这就需要中央政府在顶层设计上统筹考虑，通过制定法律、完善制度等方式来提升行业协会的社会地位。

2. 地方政府：强化产业学院建设的统筹协调

地方政府作为创建产业学院的政策执行者、主要推动者，要不断发挥统筹协调作用。首先，高等教育治理往往呈现出对政策工具的依赖性。因此，地方政府应尽快制定产业学院办学与治理的规范性教育政策并提升相关配套政策的科学性及可操作性，明确产业学院的运行、利益分配、监督等机制，进而更好地指导产业学院的治理实践。此外，地方政府还应以国家政策为指引，出台符合地方发展实际的产业学院建设政策，发挥统筹协调作用，优化企业参与产业学院治理的资源配置，将参与人才培养内化为社会层面的公共责任，并指导企业参与产业学院的活动，激发企业参与产业学院治理的主动性。

6.4.2 构建现代治理体系及科学的治理架构

产业学院作为办学实体，肩负着人才培养、科学研究、服务社会的重要职责，要想推动产业学院的治理优化，还需着眼学院自身，从自身办学理念的转变出发，聚焦治理结构优化，提升治理能力。

1. 产业学院治理的传统基色坚守

在知识生产模式转型的背景下，知识生产的应用性及跨学科性特征使得现代产业学院体现出应用导向及多元主体特征，这就要求产业学院不仅要保持自身的相对独立性，还要兼顾人才培养、科学研究与社会服务等职能的发挥，在治理过程中坚守传统基色。

（1）产业学院需要保持相对独立性。由于知识生产模式的转型，产业学院注重知识生产的应用导向，吸纳政府、行业企业等外部主体共同办学，与外部主体联系紧密，其内部异质性特征明显。在此背景下，产业学院作为知识生产的主体，需要保持自身的相对独立性，立足学术本位，坚守学术自治、民主管理的原则，保障学术事务不受外部利益主体的影响。产业学院只有保持自身的相对独立性，才能在外部主体的利益交织中坚守自身定位与理念，采用创新策略，及时改变自身治理结构与发展对策，吸引外部主体的资源支持，助力自身的长远发展。

（2）产业学院要坚守学术本性。产业学院是为学术而生、为人才培养而成，其日常的工作展开都要以育人为根本，坚守学术本性。

首先，产业学院的首要目标是培养技术应用型人才。产业学院要立足学生的发展与就业需求，并将其与社会、行业企业的用人需求相结合，切实培养学生的实践技能，提升培养学生的适切性。

其次，产业学院在专门人才培养过程中注重科学研究。产业学院要紧跟行业企业发展动向，发挥学科及专业优势，加强与行业企业的交流和合作，坚持问题导向，协同科研攻关，致力于解决行业企业在发展中面临的棘手问题。

最后，产业学院要运用知识去服务社会。随着加入现代产业学院的治理，公民社会呼吁产业学院加强社会服务职能的发挥。产业学院应在与行业企业合作办学的过程中积极承接科技开发、智库建设、横向科研等项目，履行社会服务的职能。

2. 产业学院的治理理念转变

在知识生产模式转型的背景下，产业学院需要实现知识生产的增值与应用，同时，在知识生产与科研活动上要体现外部利益主体的诉求，即以政府和市场为主导的外部利益相关者借助政治或行政力量、市场力量渗透于产业学院的治理过程，传统的学院学术治理理念受到市场、资本理念的影响，从而导致学术权力在强大的政府权力和市场权力面前略显式微，无法与之形成良性制衡的关系。因此，产业学院要及时转变治理理念，平衡产业学院利益相关者之间的利益诉求。

（1）治理以实现知识生产的增值和应用为根本宗旨。产业学院的重要使命是通过加强知识生产的增值与应用来推动产业技术革新和转化，这一过程需要政府、行业企业及公民社会的协同发力。因此，在治理理念上，产业学院要体现协同性特征，强化多元主体的共同治理理念，加强与政府、行业企业、公民社会的合作，充分利用多元主体的异质性资源，实现资源的互补与共享。

（2）由校、院两级治理向多主体协商共治转变。传统的院系治理尊崇学术治理理念，通常以学校治理为主，但产业学院是典型的多主体共建组织，各种利益交织于学院内，学术治理理念受到冲击，故产业学院需要由校、院两级治理理念向多主体协商共治理念转变，从而促使产业学院形成治理合力。同时，产业学院要注重各主体的利益协调与分配，既注重提升办学效益又兼顾企业收益，从而推动多方资源整合形成良性循环，化解教育公益性和企业营利性的矛盾冲突。

（3）由单一主体向跨学科异质性联动转变。产业学院是集应用性和学术性于一体的组织，它打破了固有的学科边界，加强了与外界的联动，体现出较强的跨学科性，由此导致外部主体对现代产业学院治理的影响更大。因此，产业学院应当从传统的以单一主体为特征的治理理念向跨学科联动的治理理念转变。即产业学院需要淡化院系资源边界，搭建有不同学科及不同专业背景的多主体交流、协作与创新平台，实现跨学科合作，从而更多地兼顾多元主体利益，畅通多元主体参与治理的通道，进一步激发多元主体参与产业学院治理的积极性和主动性。

3. 产业学院的治理目标重塑

在知识生产模式转型的背景下，产业学院构成了一个延伸至"产业界、政府和媒体的更大、更紧密的知识机构网络的一部分"，且政府、行业企业等既是知识的供给方也是需求方，其不同的价值诉求影响着产业学院的治理。因此，产业学院的治理目标应当围绕问题导向、异质性、社会问责及同行评议等方面进行重塑。

（1）在应用情境中改变传统科层制的效率导向。传统的院系治理因学院自身组织的庞杂性而倡导追求效率的科层制治理目标，而以二级学院为依托所创建的产业学院更加注重应用情境与问题导向，传统管理主义倾向的治理目标亟待转变。以应用情境与问题导向为基本特征的产业学院应从单一治理目标转移至从下至上参与、上下结合的多中心治理目标。同时，应当避免用前瞻预设性质的治理目标的达成来作为实现产业学院治理优化的准则，而要在应用情境中进行治理。

（2）以异质性为基础建立内外部利益主体互动联系的治理目标。在以往的二级学院治理中，学院多重视内部利益相关方的利益诉求，而忽略了众多外部利益主体的需求，学院与外部利益主体之间的联系较弱。现代产业学院的创建强化了学院自身与外部利益主体的联系，异质性特征明显，为此，要在治理目标上体现出外部利益主体的目标任务，确立利益相关者导向的现代产业学院治理目标，强化产业学院与外部利益主体的协同合作关系，体现外部利益主体的利益诉求。

（3）将社会问责与同行评议纳入治理目标。社会问责有利于推动高等教育的发展。产业学院的创建拓宽了学校科研与教学的范畴，推动了产学研的深入发展，知识的生产、传播、应用的社会效益日益显著，由此加深了社会问责对产业学院治理的影响，且这种社会问责渗透在知识生产的各个环节。因此，产业学院的治理不再是院系内部的治理，而更需要接受社会问责，从而提高敏感度，关注应用型知识的传播、技术型人才的培养。同时，产业学院应当引入同行评议，从而优化治理。政府主导的科层式治理强调问责性评价，市场主导的市场式治理注重排名性评价，两种评价方式各有弊端：问责性评价以强制和惩罚为支撑，评价双方的地位不对等，不利于引导和激励被评价者持续发展；排名性评价信奉数据和指标，商业化运作易诱发被评价者的投机行为，催生了严重的功利主义倾向，从而导致大学治理中"政府失灵"与"市场失灵"的现象频发。因此，现代产业学院在治理目标上要注重引用同行评议，注重多元主体之间基于信任的相互联结与共同参与，追求所有相关者利益的最大公约数，鼓励多元主体相互信任、平等参与到评价中，真正表达并协调利益相关者的各项诉求和关切。

4. 产业学院的治理结构优化

知识生产模式转型与产业学院的治理结构优化存在着相互作用的机制。在高等教育领域，院系治理也是一个系统，治理结构则是学院治理的基石，通常指不同治理主体参与学院事务决策的制度化"角色"安排及其相互关系，它通过权力的配置和运作机制来达到关系的平衡，以保障学院的有效运行并实现其根本目标。由此可见，通过优化治理结构，建立开放型的治理结构，吸收社会力量参与治理是推动产业学院实现治理优化的重要突破口。

（1）完善代表多元主体利益的董事会组织结构。产业学院的治理实质上是各利益主体为实现各自需求而不断博弈的过程，这就要求在治理结构上充分考虑多元主体的利益诉求，畅通各利益主体表达利益诉求和参与治理的渠道，即完善董事会组织结构。董事会可以由来自企业、高校、政府部门、科研单位及行业协会的代表组成，其中，现代产业学院的院长由学校指派，其他院系行政人员参与其中。这样可发挥行业企业在决策管理、专业设置、课程开发和人才培养中的作用，避免信息不对称现象的发生，在此基础上，进一步推动多元主体在产业学院发展过程中发挥各自的作用。

（2）明确权责关系，保障治理结构通畅。合理界分董事会中多元利益主体的权责，有利于保障治理结构的通畅。就来自企业、政府部门等的代表而言，他们应负责产业学院的发展方向、战略及重大事项决策。就产业学院的院长而言，他要在董事会的领导下落实董事会的重大决策，并对学院的发展与运行负责。而其他院系行政人员要负责对接学院领导的工作安排，维持学院的正常运转。

（3）建构异质性行动者构成的治理平台。搭建由高校、政府、市场、行业企业、产业学院及公民社会团体代表构成的基于产业学院的治理平台。借助治理平台，将政府制定的关于现代产业学院的政策、方针、行业企业的人才质量标准、发展规划，公民社会对人才的期许和能力要求及产业学院自身的办学目的融入知识生产过程之中，并培育各利益主体的公共理性精神和自觉的价值认同，使各主体利益趋向一致，共同推动产业学院的治理优化。

5. 产业学院的治理制度完善

完善和健全产业学院治理系列规章制度，有利于激发产业学院内部多元治理主体的活力和内外治理一体化的内生动力。在优化产业学院治理的过程中，应严格规范权力运作的秩序，以保障各治理主体的权益，提升治理效能。

（1）建立协调多维关系的制度。产业学院要在协调好行政权力与学术权力的基础上，将政府与社会公众、行业企业与学生群体的权利考虑在内，通过健全制度来保障各参与主体的知情权、参与权、监督权。同时，提升决策透明度，院系行政应定期向全院教职员工公布相关工作的制度安排，使权力运作透明化。再者，要进一步释放学术活力，落实教授治学制度，使教授在学术事宜上拥有更大的自主权。此外，改革院系行政领导的选举方式与构成，除传统的组织任命方式外，还可以将教师推荐、选举或者公开招聘等方式融入其中，并探索行政领导职业化的路径，以提高院系应对复杂管理挑战的领导力和执行力。

（2）强化落实主体责任。由于社会问责性的加强，产业学院需要协调和调整组织全要素及运行全流程，强化学校、行业企业、师生和公民社会等多元主体的治理责任。一是学校要落实筹建产业学院的主体责任。要在统筹协调上发挥高校的主体作用，实现现代产业学院的有序发展。二是行业企业要发挥参与产业学院治理的主体责任。作为创建产业学院的重要主体之一，行业企业要提升社会责任感，主动融入产业学院治理。三是师生要发挥参与治理的主体责任。师生是构成产业学院的主要人力资源基础，他们的利益诉求也影响着产业学院的发展，应当激发他们的主人翁精神，构建师生共同治理产业学院的机制或平台。四是公民社会要提升认知站位，对产业学院给予更多的关注，加强社会监督与舆论支持。综上，强化落实主体责任是产业学院得以正常运行的前提，也是实现产业学院治理优化的本真体现。

（3）完善体制机制，保障多元主体权益。产业学院是产教融合、校企合作的新型载体，有效整合了校内学科专业资源和行业企业教育资源。要实现产业学院的治理优化，就要通过完善机制体制来保障多元主体的权益，只有这样才能使多元主体打破利益的藩篱、注重利益的均衡化，构建产业学院的利益共同体，从而充分调动多方积极性，共同致力于产业学院的治理。

6.4.3 明确多元主体的责、权、利

在共同治理理念生成的基础上，为了避免在产业学院治理实践中产生定位不清、职责不明、分工混乱的情况，需要事先根据院校、政府、企业行业等各主体的利益诉求和社会功能进一步明确协商各自的权、责、利，进一步达成共识。一是要保障院校在高职院校产业学院治理过程中享有主要权力，承担人才培养的主要职责，保障产业学院人才培养的核心价值；二是要保障企业在高职院校产业学院治理过程中享有主导权力，行业、企业要把握产业发展的最新动向，避免在治理过程中因与市场信息衔接不畅造成盲目决策和随意执行，对内部治理起到监督制约作用；三是要保障政府在高职院校产业学院治理过程中享有重要权力，政府主要承担协调教育资源和提供政策支持的职责，因此可以对多元主体进行资源有效整合和目标协同，对内部治理结构起到稳定协调的作用。所以说，明确院校、企业、行业和政府等多元治理主体的权、责、利，有助于维持多元主体参与的产业学院内部治理生态平衡。

当前我国产业学院尚不具备独立法人的资格，各主体权益仍缺乏相关法律保障，面对现状，更加需要通过内部治理对高职院校产业学院相关产权提供保障，通过加强对产权进入、流转与退出环节的管理，有效保障各参与主体的资源投入。其一，建立资产准入资格审核与筛选制度以加强产权的进入管理，提高高职产业学院的投资效益；其二，建立科学便捷的产权交易流程以加强产权的流转管理，允许在高职院校产业学院内部进行分解与重组，特别是保障企业资本的产权流转；其三，建立规范严谨的产权退出机制以加强产权的退出管理，建立契约允许各参与主体在合法且不对高职院校产业学院整体利益有影响的情况下终止合作，充分保障各参与主体的合法产权权益，提升各主体参与内部治理的积极性，推动建立多元主体参与的内部治理结构。

6.4.4 推动校企文化融合

推动校企文化融合，提升产业学院治理效能。校企文化融合，既是产业学院健康长远发展的必要支撑，也是产业学院构建良性多元共治体系的必由之路。高职院校产业学院应按照"求同存异、取长补短"的原则推动校企文

化融合，实现产业学院治理效能的提升。

树立兼容并包理念，打造更具包容性的校园文化。校园文化与企业文化虽为异质文化，但并非没有共通之处，尤其是高职院校产业学院是直接面向行业产业培养技术技能人才的职业教育机构，本身就有着吸纳融合企业文化的现实要求。高职院校与行业企业都应认识到，校企文化融合既不是"让谁主导谁"，也不是"让谁取代谁"，而是求同存异、取长补短。因此，高职院校与行业企业都应树立兼容并包的校园文化建设理念，明确产业学院的育人定位。在企业文化渗入校园的过程中，既要尊重产业学院作为教育机构的独立品格和价值追求，也要吸收企业文化中有助于学生职业素养和工匠精神培育的文化内核，打造更具包容性的复合型校园文化，形成新型育人环境。

建立校园文化培训机制，帮助教职员工快速适应新型校园文化。高职院校教师和企业员工在产业学院文化建设过程中出现的心理情感不适应现象，源于原有组织文化的惯性影响。校企双方的管理者应重视产业学院教职员工的心理调适问题，建立并完善校园文化培训机制，依靠组织的力量帮助教职员工个体快速适应新型校园文化。首先，产业学院在成立之初要设立专门的校园文化建设机构。在人员构成上，应抽调高职院校和行业企业中对组织文化建设具有深刻认知和丰富经验的骨干人员。其次，产业学院要建立校园文化培训制度。具体做法有：由校园文化建设机构定期举办校园文化培训和讲座；开展校内心理辅导；牵头组织开展校园文化建设活动，如文艺会演、主题演讲比赛等。

6.5 案例共享：共生理论视角下高职院校产业学院的治理框架与优化策略

高职院校产业学院是由高等职业院校发起或主导，联合校、政、行、企等多元主体面向区域产业搭建的产教融合平台，集人才培养、科技创新、社会服务等功能于一体。它是高等职业院校服务区域产业、深化产教融合组织形式的实践探索，是推动高职教育高质量发展的重要举措和创新路径。2017年12月，国务院办公厅发布《关于深化产教融合的若干意见》，首次明确了深化产教融合的政策内涵及制度框架，引导高校对接产业需求，成立产业学院。此后，有关产业学院的研究与实践逐渐受到广泛关注。2020 年，教育部、工业和信息化部联合研究制定了《现代产业学院建设指南（试行）》，系统地阐述了产业学院的建设目标、建设原则和具体任务。① 这是我国第一个国家级层面指导产业学院建设的规范性和纲领性文件，随后教育部公布了首批 50 所产业学院建设试点名单。在一系列国家政策的推动下，高职院校产业学院朝着高质量发展目标迈进，在提升高职院校人才培养质量和服务区域经济能力等方面发挥了重要作用。②

建设高职院校产业学院，要求强化高职院校、地方政府、合作企业、行业协会等所有参与者的协作意识，充分发挥理事会与管委会共同治理的优越性，形成完善的治理架构。③ 在实践中高职院校也进行了大量探索，并形成了协同治理④、分权治理⑤和集权治理⑥等治理架构，但由于政策衔接不畅、产权归属不清晰、利益诉求冲突、激励机制缺乏等原因，产业学院在治理过程中难以形成治理合力，因此建立科学高效的治理体系具有较强的现实意义。

6.5.1　共生理论：一种新的产业学院治理框架

19 世纪，德国真菌学家德贝里通过研究植物与真菌之间的关系，提出了"共生"概念并将之应用于生物学领域，意指不同种属生物在不同获益环境

---

①　张元宝，杨国兴，毛防华. 应用型高校现代产业学院高质量发展：内涵、困境与路径：基于共生理论的视角［J］. 江苏高教，2023（7）：52－59.

②　陈磊. 教育治理现代化背景下高职产业学院内部治理结构的优化研究［J］. 天津职业大学学报，2023，32（5）：51－55.

③　聂挺，聂劲松. 产业学院内部治理体系结构优化的逻辑与策略［J］. 教育学术月刊，2022（6）：25－33.

④　耿乐乐. 现代产业学院协同治理：形成机理、构建逻辑与实现机制［J］. 现代大学教育，2023，39（6）：99－108.

⑤　罗秋雪，凌妙. 基于理性选择理论的现代产业学院多主体协同治理结构的利益与政策建议分析［J］. 高教学刊，2023，9（32）：11－15，21.

⑥　聂梓欣. 高职产业学院内部治理结构与模式研究［D］. 上海：华东师范大学，2022：63－64.

中生活在一起①。后来，这一概念在经济学、政治学、社会学、教育学等学科领域得到迅速发展，后经范明特、科斯基、保罗·布克纳等学者的不断完善，最终形成了共生理论。该理论强调不同种属生物基于资源依赖或功能互补，在共生环境的影响下，共生单元之间按照某种共生模式所形成的互利共赢、协同进化或相互抑制的关系。② 由共生理论可知，共生单元是共生系统中的行动主体，负责物质、信息和能量交换，共生模式是共生单元之间的合作形态，决定共生单元联结的强度与方式，共生环境是影响共生系统发展的外部因素，三者相互作用共同推动共生系统的发展与进化。

在实践层面，共生框架的实质是共生单元之间建立互利合作关系，通过调整内部结构或进行模式创新，不断优化赖以生存的外部环境，形成理想的行为组织模式，实现共生系统效益的最大化。产业学院治理的意义在于构建多主体协同、多机制联动、多资源协调、多模式推进的共生共荣关系③，这与共生理论所遵循的资源共享、互利共赢原则具有类比性，因此共生理论蕴含的方法论能为产业学院治理提供理论指导和方法借鉴。

1. 共生单元：产业学院治理的行动主体

共生单元是共生系统联结的各行动主体，通过物质与能量的生产和交换形成共生效应，是共生系统协同演化的物质基础和动力来源。质参量是决定共生单元本质属性及其变化的因素，反映共生主体之间的物质、信息与能量存在的互补关系。在产业学院治理中，高职院校、地方政府、企业、行业协会是共生系统的共生单元，但并非所有共生单元相互结合、组合都能够形成共生效应，共生效应能否形成取决于共生单元之间是否存在多个兼容的质参量。因此，产业学院治理共生效应的形成必然要求多个共生主体在知识、人才、资金、政策、信息等资源要素上产生一定的供需依赖关系，可以用彼此的资源互动进行描述。具体而言，一方面，高职院校作为人才培养和科技创新的主体单位，能为企业输送高素质技能型人才和高水平科研人员。企业凭

---

① AHMADJINN V. Symbiosis: An Introduction to Biological Associations [M]. London: University Press of New England, 1986.
② 王珍珍，鲍星华. 产业共生理论的发展现状及应用研究 [J]. 华东经济管理，2021 (10): 131-136.
③ 黄倩华，易丽. 共生理论语境下现代产业学院协同共建：困境与出路 [J]. 高等职业教育探索，2022，21 (1): 15-20.

借自身的产业优势、管理优势和运营优势,为高职院校提供精准的产业需求对接和高端的行业专家。人才资源的流动带动资金的持续投入,高职院校通过满足企业对技能型人才的需求,帮助企业攻克关键技术发展的瓶颈,提升企业的核心竞争力,最终满足企业对利润的追求。另一方面,地方政府为了推动区域经济转型升级,会借助显著的制度优势,为产业学院治理提供政策支持和资金扶持,同时也会借助行业协会发布产业标准,提供产业信息咨询。因此,在产业学院治理共生系统中,各共生单元存在着资源依赖,具备多个兼容的质参量,能构成共同生存、协同演化的逻辑关系。

2. 共生模式:产业学院治理的合作形态

共生模式是指共生单元之间相互作用的方式,决定着共生能量的生成和利益分配方式,不仅可以反映共生单元之间联结的质量,还可以反映其联结的强度。由共生理论可知,共生模式可分为共生组织模式和共生行为模式,产业学院治理的共生组织模式与共生理论中的相关形式一致。依据其组织程度的不同可细分为点共生、间歇共生、连续共生和一体化共生,其开放程度依次递减,而稳定性依次递增。① 点共生是产业学院治理共生单元之间偶然的一次性合作;间歇共生是共生单元之间的若干次合作,在产业学院治理中表现为共生单元之间基于技术需求产生的非连续性的课题研发、产业技术服务等,相对于点共生,间歇共生合作的频率较高、合作时间更长;连续共生是共生单元之间较为深入连续的合作;一体化共生是共生组织模式最高级别的一种状态,其资源要素流动率最高、互补需求程度最强、系统协同程度最密切,在产业学院治理中表现为共生单元之间不仅能充分发挥各自优势,还能在优势资源供需匹配上形成高度互补。

依据行为方式的不同,共生模式又可以细分为寄生、偏利共生、非对称性互惠共生和对称性互惠共生四种模式②,分别代表高职院校、地方政府、企业和行业协会四种共生单元之间在治理过程中的利益分配状态,以及由投入、期待和收益三者互动影响的行为方式。其中,寄生和偏利共生模式反映

---

① 穆东,徐德生. 基于多重共生视角的矿产资源型区域协同发展模式:以内蒙古为例[J]. 社会科学家,2016(4):93-96.

② 方海光,孔新梅,刘慧薇,等. 基于共生理论的人机协同教育主体合作博弈及其优化策略研究[J]. 电化教育研究,2024,45(1):21-27.

了产业学院治理共生单元之间利益的单向流动,这两种模式会使非受益的共生单元缺乏动力,导致产业学院治理效率低下。从共生能量生成的角度看,对称性互惠共生是一种理想的行为模式,在这种模式下,产业学院治理的共生单元之间可以在协同演化中建立长期稳定的沟通合作机制,且都能在对称性条件下获得共生演化的增量,实现资源、利益的传导和交换,从而实现利益的高度耦合。因此,一体化—对称性互惠共生模式能最大限度地实现资源的叠加增益和利益的对称互惠,是产业学院治理共生系统追求的理想模式。

3. 共生环境:产业学院治理的外生因素

共生环境是共生单元以外的一切影响因素的总和,对共生系统产生正向激励、中性影响或逆向阻滞等不同的导向作用。① 在产业学院治理共生系统中,共生环境作为外部因素,主要包括法律政策环境和文化环境。共生环境和共生系统的影响是相互的,共生系统中物质和能量的交换离不开外部环境的支持,正向的共生环境有利于驱动共生系统向更高层次演进,实现共生效益的最大化。反之,逆向的共生环境会使共生单元之间的联结受到阻碍和制约,阻碍共生系统的进化。因此,良好的共生环境和氛围是产业学院治理共生系统得以高效运行的重要的外部条件,要充分发挥外部环境的激励作用,正向激发共生单元的共生动力,加速形成共生效应,努力营造良好的共生环境,以达成各共生单元之间的良好互动关系,为共生系统持续健康发展提供有力的外部保障。

综上所述,在共生理论分析框架下,参与产业学院治理的各共生单元,遵循资源供需匹配和互利共赢的共生规律,基于人才培养、科技创新和社会服务形成某种特定关联,在共生环境外部因素的影响下,在一体化—对称性互惠共生模式的运行之下,实现资源的高度互补、利益的高度耦合,以此推动产业学院治理共生系统正向发展(图6-2)。

---

① 聂雪霞,李化树,马欣灵. 共生理论语境下现代产业学院建设的困境及路径探析[J]. 文教资料,2022(7):159-163.

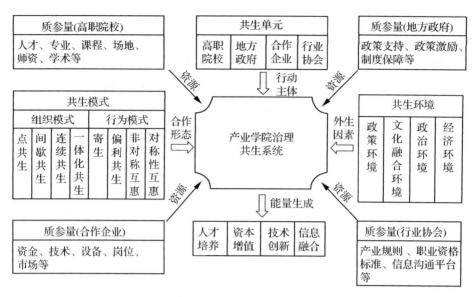

图6-2 产业学院治理共生系统理论框架

6.5.2 共生理论下产业学院治理运行困境

1. 资源供需匹配度不高，共生单元进化动力不高

提升校企资源供需匹配度是高职院校深化产教融合，构建可持续发展模式的物质基础。产业学院治理共生系统是一个多元共生单元共同参与的过程，推动以产业为引领，高职院校、政府、企业、行业协会多方资源供需匹配，是确保产业学院实现共生治理的有效途径。然而，受传统办学资源获取模式的影响，各共生单元之间的资源供给和需求矛盾突出，主要体现在以下方面。

高职院校作为产业学院治理的首要共生单元，希望通过企业和政府资源的注入，提升技能型人才的培养质量和社会服务水平；地方政府希望通过制度保障聚集产业人才，优化区域资源配置，推动区域高质量发展，促进区域经济转型升级；企业作为面向市场的核心元素，参与产业学院治理的主要动机是希望通过人才、技术和政策的供给，提升企业在技术改造、生产服务等关键环节的核心竞争力和盈利水平；行业协会希望通过制定行业发展规划、行业标准，推动行业发展，实现协会成员的共同利益，推动本行业共生发展。但在现实中，高职院校的专业设置脱离地方产业和行业的发展趋势，其

第6章 践行互利共赢的内部治理机制

输出的人才难以满足企业岗位的技能要求，这在很大程度上增加了企业未来收益的不确定性，企业必然不愿意付出高昂的时间成本和机会成本，导致企业持续投入动力不足；地方政府为了在短时间内形成公共资源的最大化效应，更愿意将有限的资源优先分配给高水平、高层次的院校，而作为技能型人才培养主体的高职院校则不在其范围内。资源供需匹配错位极大地挫伤了各共生单元的积极性，使共生单元进化动力不足。

2. 利益分配机制失衡，连续互利共生模式缺席

共生模式反映共生单元利益联结的广度和深度，决定着共生单元利益的产生与分配，它是共生单元之间相互作用强度及物质、能量、信息的综合体现。在产业学院治理中，利益是共生主体参与产业学院治理的逻辑起点，利益关系的本质是共生主体间的合作关系，具体表现为各共生主体对资源、利益与权利的分配与制衡。目前，我国产业学院治理体系的建设还处于探索阶段，各共生单元之间的利益还比较松散，在这种非对称的互惠共生模式下，各共生单元一旦产生利益纷争，就会导致共生关系破裂。

从组织程度上看，目前我国产业学院治理存在高职院校主导、企业主导、政府主导、行业协会共同主导四种合作形态，这些合作形态的共同特点是"一元主导、多元参与"，并不是基于参与主体的内生需求，而是以利益为基础的不对等的合作关系，导致共生单元之间的联结不够紧密，呈现出点共生或偏利共生的特点，因此共生基础与稳定性比较脆弱。从行为方式上看，不同利益主体之间还未形成"利益共享、职责共担"的机制，在这种非对称性互惠合作模式下，获得利益较多的一方，质参量更新较快，对于继续合作表现得积极主动；获利少的一方，质参量更新较慢，对继续合作表现得消极被动，一旦出现突发情况，各共生主体倾向于基于各自的利益诉求来解决问题。

3. 政策与文化融合机制不完善，共生环境支持乏力

政策驱动仍是我国高等教育改革的重要动力机制，政府通过政策供给来支持产业学院的建设与治理。在政策环境方面，良好的政策环境和强大的外部推动力量是产业学院治理共生系统高效运行的重要保障，这是因为政策的规约作用能够减少共生单元的机会主义行为和交易成本，从而促进各共生单元互利行为的产生。然而在现实中，产业学院治理共生系统面临着政策设计

衔接不畅和政策执行协同缺失、政策运行缺乏配套等问题，主要表现在三个方面。第一，近年来，虽然中央和地方政府、教育部门先后出台了一系列支持产业学院建设的政策，但这些政策多为宏观层面的纲领性文件，缺少微观层面的实施细则和操作指南，在共生单元政策落实的过程中存在标准不一、上下衔接不畅的问题。第二，产业学院治理政策的执行需要多个共生单元之间的协调与联动，然而在政策缺乏总体规划和整体战略指导的情况下，高校、政府、企业、行业协会在产业学院治理中缺乏联动机制，阻碍了政策执行合力作用的发挥。第三，产业学院的治理还需要金融、财政、土地、信用、就业等多个部门给予相应的配套政策，我们在调研中发现，目前的政策支持主要在职业教育系统内部，外部配套政策缺乏，这导致共生单元参与治理的积极性不足。

在文化环境方面，在校园文化与企业文化融合过程中，共生单元组织个体面临文化融合适应性问题。高职校园文化注重培养学生综合素质，企业文化关注员工规范和竞争协作精神，在产业学院治理过程中，需要把企业的价值取向、协作精神引入校园，提升产业学院的治理效能。然而文化融合会带来共生单元组织个体的适应性问题。首先，产业学院的发展给高职院校带来了前所未有的文化冲击，教师作为校企文化融合的直接参与者，感受到适应企业文化带来的巨大冲击，不得不破除原有的心理依赖，积极适应并吸收和认同企业文化。其次，企业在经营文化的熏陶下，把关注点放在如何快速为企业培养员工上，企业教师缺乏系统的教学方法和良好的心理素质，对校园育人文化缺少心理上的内化。因此，在产业学院治理过程中，共生单元组织个体的文化适应问题影响了共生系统的演化。

6.5.3 共生理论下产业学院治理优化策略

1. 提升共生单元的内驱力，构建基于"质参量兼容"的资源供给匹配机制

质参量兼容既是共生关系形成的基础，又是保证共生系统进化的长效机制，它反映的是共生单元基于某种资源要素所形成的依赖关系。从共生理论的视角看，提升共生单元的内驱力，构建基于"质参量兼容"的资源供给匹配机制，关键在于探索资源识别机制，核心在于提升资源的匹配度。

一是探索建立资源识别机制，提升质参量的兼容水平。高职院校作为人才培养和供给主体,通过优化专业结构,提升专业与产业匹配度,提供场所、学生、师资与学术等基础性资源;地方政府作为战略规划者、产教融合政策制定者和公共资源配置者,通过政策工具提供政策支持、政策激励、制度保障等;企业作为技术引领和成果转换载体,为高素质人才培养、应用研究和成果转化提供经营资源;行业协会作为行业标准制定者、企业利益维护者与协调者,提供行业标准、产业信息和政策咨询等信息。可将质参量核心资源要素归纳为人才、资金、政策、信息四者,质参量兼容水平的提升实质上就是四大资源要素相互融合与共生的过程,并最终形成基于人才培养、知识增值和价值再造等创新资源要素的输出。

二是提升资源的匹配精度,增强异质资源的共生契合度。产业学院治理资源的匹配过程实质上是各类资源按照一定的方式和规律进行整合的过程,即通过资源要素的组合、叠加和再造,实现资源的聚集效应和品牌价值。为此,一方面要将不同共生单元提供的资源进行有效链接,实现资源供给方与需求方的紧密对接和有效匹配;另一方面,对来自不同共生单元的不同形式的资源,即多元主体的异质资源,积极培育其"共生点",通过功能匹配、类型匹配、约束匹配等形式,增强这些异质资源的共生契合度,实现资源的放大效应和品牌延伸。

2. 完善共生模式的分配力,构建基于"一体化—对称性互惠"的共生模式

利益分配方式影响产业学院治理共生关系的稳定与发展,针对产业学院治理中利益分配的制衡问题,应努力引导利益分配方式向"一体化—对称性互惠"共生模式转变。共生理论认为,共生系统的进化正是源于高效的共生模式,而"一体化—对称性互惠"共生模式是共生关系中最稳定、组织程度最高的一种模式。

所谓一体化共生,是指各共生单元之间的共生要素循环往复流动,形成高度融合的多方交流机制。就产业学院治理而言,构建一体化共生的重点是不断推进共生单元在产、学、研等方面形成一种长久的战略合作伙伴关系,使知识、技术、资本、信息等资源要素高度耦合。具体表现为:专业职业一体化,即专业设置对接岗位需求,课程内容对接职业标准,教学过程对接生产过程;社会责任一体化,即发挥育人功能的高职院校与追求利益至上的企业共同承担社会责任,达到社会效益和经济效益一体化;运行保障一体化,即优化创新资源运行模式,保障对资源的统一规划、统一调配,最终实现人才培养、社会服务和技术创新的一体化。

对称性互惠共生使共生系统中物质、能量的生成与分配呈现出一体化演进。① 在产业学院治理中,各共生单元对资源的投入与风险承担不同,根据责、权、利统一原则,利益分配也应该作明确的划分与切割,以维持对称性互惠共生模式。首先,各共生单元应明确互惠共生的基本理念。借鉴 Goldman② 提出的利益共享原则,任何对共生系统有贡献的共生单元都应公平地分享收益,以互惠共生的方式推动合作模式发展。其次,建立以契约为主导、以奖励为补偿的治理体系。把握共生单元之间的共同利益关注点,以契约的形式强化产权管理,通过详细而明确的协议条款规定各共生单元的权利与义务、投入与产出及利益分配原则,从而实现各共生单元的有序竞争,减少交易成本。例如,产业学院各共建主体按照出资比例、贡献度、风险承担程度进行分配等。对在共生系统进化过程中由于不确定因素导致利益分配不均衡或冲突的受损方进行合理补偿,可保证产业学院治理共生模式向对称性互惠共生方向发展。

3. 改善共生环境的外驱力,构建基于"双向激励"的政策与文化环境

产业学院治理各共生单元之间资源的流动、能量的转换总是在一定外部环境中进行的,积极的外部环境会促进共生效应的形成,正向的共生效应又会增强各共生单元之间的凝聚力,促进共生模式的演化,推动共生系统向更高级别进化,形成共生系统和共生环境的协同发展。当前,影响我国产业学院治理的外部环境主要为政策环境和文化环境,可以从以下方面入手改善产业学院治理的外部环境。

政策环境方面。第一,在政策制定层面加强上下衔接。我国实施的是央、地两级管理体制,各级政府之间本质上是一种委托代理关系,权力链条越长,偏离政策初衷的可能性就越大。因此地方政府和高职院校在制定产业

---

① 宋瑾瑜,张元宝. 高职院校与企业合作共生体系构建研究 [J]. 教育与职业,2022,112 (12): 55 – 61.

② 胡海,庄天慧. 共生理论视域下农村产业融合发展:共生机制、现实困境与推进策略 [J]. 农业经济问题,2020 (8): 68 – 76.

学院政策实施细则时要与中央政策紧密衔接、保持高度统一，避免因政策的异质化、空心化破坏政策的统一性和可操作性。第二，在政策执行层面加强左右协同。产业学院政策的执行主体既包括各级政府和高职院校，也包括企业、行业协会，政策执行主体的多元化不可避免地会造成执行效率不高的问题，必然需要建立与之相适应的协同机制，要积极完善企业、行业协会参与产业学院协同治理机制建设，充分调动各主体积极性，形成执行合力，保持政策制定和执行的一致性、稳定性。第三，在政策运行层面加强内外配套。产业学院的治理不仅需要职业教育内部政策的支持，还需要职业教育外部政策的配套，而金融、财政、土地、信用、就业等主管部门的政策配套尤为重要，如对产教融合企业的产业扶持政策、税收优惠政策、专项资金扶持政策等，这些政策对激发企业参与产业学院治理具有重要作用。

文化环境方面。校园文化与企业文化的融合应该取长补短，相互整合，不仅高职院校教师需要积极接纳企业属性的文化氛围，企业教师也需要积极学习和适应校园文化的育人方式。首先，高职院校教师要从心理情感层面认同企业文化，主动转变为校企文化融合的建构者，深入企业和生产服务一线，将企业需求带进课堂、将企业文化渗入教学、将工匠精神融入项目。其次，产业学院的企业教师不再是校企合作阶段的兼职教师，而产业学院育人的主人翁之一，不能仅仅着眼于提升学生技能，而要更多关注学生的终身发展，这是校园文化的价值追求，因此企业教师应从企业文化的经营氛围中脱离出来，真正走进教育者角色，将校园文化内化于心。